別忘記，人生中最重要的存在
就是你自己！

樂律

文雅 著

失控情緒、焦慮迷茫、外在期待……
在喧囂中傾聽內心，找到專屬你的生命意義

「活到 26 歲，然後死去。」——村上春樹《尋羊冒險記》
你是否也變成肉體雖然還活著、精神卻不再追求夢想的人？
誰也不願成為當初我們都討厭的那種樣子！
找到自身優勢、保持精神獨立、拒絕盲從眾人……
不被焦慮綁架，活出心靈的安定與力量！

目 錄

推薦序

008 　別忘記自己才是人生中最特殊的存在

Chapter 1　追求不同，卻幸入藕花深處

012 　生當為人傑，我輩豈是蓬蒿人

017 　欲為孫悟空，卻成了一隻猴

021 　青春裡風一樣的少年消失了

028 　為何你經常感到不快樂

032 　失控的情緒讓我們面目可憎

037 　愛情崩塌成了一片廢墟

041 　平淡無奇的工作中是否還有夢想

046 　當你在學海中迷路了怎麼辦

051 　少壯自命不凡，老大一事無成

055 　你還記得年少時期的夢嗎

目錄

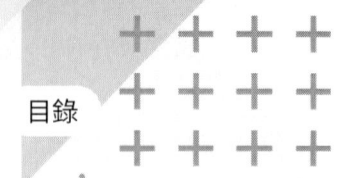

Chapter 2　與你共鳴，遇見未知的自己

- 062　讀別人的故事，醒悟自己的人生
- 067　難道所有的相遇都是偶然嗎
- 071　不！這一切不過是潛意識在作祟
- 075　不是所有相遇都是美好的
- 079　你討厭的人，說不定就是另一個你
- 084　你喜歡的人，總與你有相似之處
- 089　在別人身上看到自己的閃光點
- 094　不「照鏡子」就發現不了自己的美
- 098　趁年輕，總要折騰一下

Chapter 3　化身戲子，在別人的故事裡流淚

- 104　人生就是舞臺，每個人都在出演沒有指令碼的戲劇
- 108　無路可走，也無須開啟只是照貓畫虎之路
- 112　如果我也像別人一樣生活
- 117　盲目模仿，會活得不像樣
- 121　以為自己是西施，不想卻是東施效顰
- 125　人人都用淘寶，但馬雲只有一個
- 129　在你的故事裡流我的眼淚

| 133 | 沒有任何一個人能完全理解你的感受 |
| 138 | 感同身受只是你的一種錯覺 |

Chapter 4　深陷泥淖，山重水複疑無路

144	子非魚，偏要感受魚之樂
149	我不要跟你像極了的人生
153	彼之陽關道，我之獨木橋
157	讀懂了別人的故事，卻丟失了自我
161	人生不是書本，沒有目錄可供參考
165	走別人的路，只會讓你無路可走
169	我看完了《馬雲成功學》，為什麼還是不成功
173	命運相似的人那麼多，哪個才是我的知己
177	「從來如此」便是對的嗎
181	沒有夢想，你只能在別人的故事裡流淚

Chapter 5　我不是你，要找到真正的自我

186	我可能不是最優秀的，那又怎樣
190	可以不優秀，不能不努力
195	不要再做「好人」，這只會讓你痛苦
200	掌握了自己，就能掌握命運

205	不僅要經濟獨立，更要精神獨立
211	你痛苦，因為你不能滿足自己
215	歲月是最美的濾鏡，終不會虧待你
220	別從他人的「有色眼鏡」中去看自己
225	橫刀大笑，隨他人去吧
229	做真實的自己，你就是最棒的

Chapter 6　我也是你，莊周曉夢迷蝴蝶

236	莊周的另一個名字叫「蝴蝶」
239	正在看風景的你也是一道風景
244	成功沒有捷徑可供參考
248	挑戰困難，其實就是在挑戰自己
252	放下心魔，才能讓人生有滋有味
254	在彼此的故事中成全
258	一個人更要把生活過得漂亮
263	與其在別人的故事中哭泣，不如學會愛自己
268	你也是自己的大英雄
272	出走半生，願你歸來仍是少年

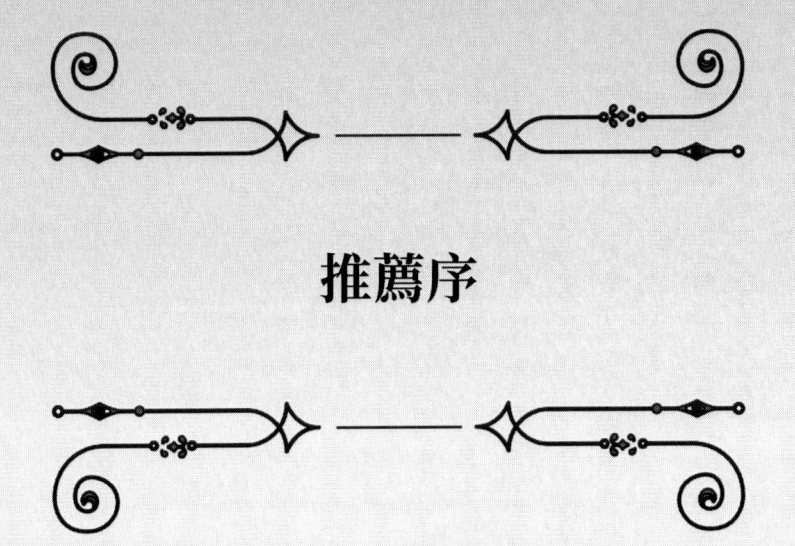

推薦序

推薦序

> # 別忘記自己才是
> # 人生中最特殊的存在

　　人，是一種天生迷戀圓形的動物。

　　當人們看到一張紙上，畫了缺了一塊的圓形時，第一個反應就是把它補全了，這樣一來，看著就會比較舒服。

　　生活中越是那些劇情圓滿、有始有終的故事，越能讓人的精神得到撫慰。

　　畢竟我們小時候都是從別人講述的故事裡學到經驗，體會愛情，然後懂得生命的祕密。

　　這些故事是一代代被人傳唱的歌謠，從過去的《史記》，到今天的動畫電影，都是人們獲取經驗的途徑。

　　從清晨一張開眼睛，手機新聞的推播、捷運廣告的標示、公司人事的雜務……每個人都想把自己的故事講述得天花亂墜來影響你，改變你，試圖提供一條你不得不走的捷徑，進而來影響你的生活。

　　在資訊爆炸的時代，我們已然迷失在別人的故事裡，無數的人生建議，無數的人生指導，而結果卻是「聽過了許多道理，卻依然過不好自己的這一生。」

那麼應該如何在別人的故事裡讀懂你自己？如果說每天從早到晚所接受的資訊，是為你自己注入了各式各樣的能量，這本書的作用就是為你淨化。

書中的言詞淺顯易懂且貼近生活，就像鄰居家的大姐姐在向你娓娓道來，每一個段落都像是一面面小鏡子，映照出生活的模樣。

這本書會告訴你：「不要過度重視別人給出的建議，別忘記你才是自己人生中最特殊的存在。」看這本書的時候彷彿響起舒緩的背景音樂，就像是夜晚僅剩小夜燈的房間中，收音機裡播放的溫情廣播節目。

特別推薦給在都市生活中，想享受片刻心靈寧靜的讀者，畢竟在這個人人都期盼恬淡的時代，想要做到這一點真的是太難了。

作者提到了閱讀日本小說家村上春樹的《尋羊冒險記》時所擔憂的事情：「活到 26 歲，然後死去。」很多人的肉體雖然還活著，但精神已經不再追求夢想，而是被這個社會馴化、調教，最終成為稚童們所不願成為的大人。

而這樣的過程，就是精神上的死亡；若按照這個標準，你是活到了幾歲才死去的？我們都應該在精神上保有一片珍貴的夢田，哪怕只是睡前用幾分鐘的時間讀這本書裡的一段小故事。

推薦序

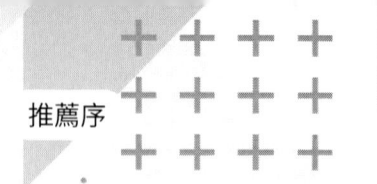

讓我們堅硬的外殼裡，仍然有在閃閃發光的種子，依舊有你在為它灌溉夢想。

當然不是只有賺大錢才是正確的人生道路，也不是只有能夠一次賺到幾個億才是成功人士。講這種話的人只是在販賣焦慮，卻不能傳遞給我們真正的能量。

真正的好故事，不會讓你更加焦慮或製造恐慌，也不是灌一碗雞湯讓你心安理得地懶惰度日。真正的好故事，是能夠教會你如何在別人的故事裡了解自己，如何在 26 歲以後，依然神采奕奕，仍舊能對生活充滿期待。

就如作者所言，成熟是你在乎的東西會越來越少，但這些留存於心的東西卻會越來越重要，人越成熟反而內心變得更為單純，返璞歸真。

讓我們一起徜徉在這本書中，用閱讀好故事來淨化自己吧。

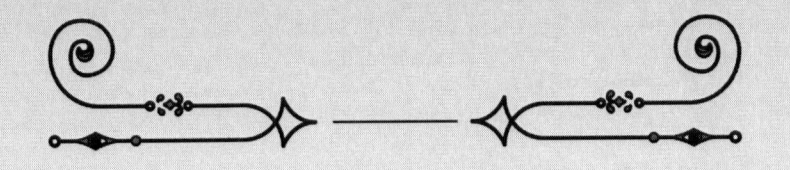

Chapter 1
追求不同,卻幸入藕花深處

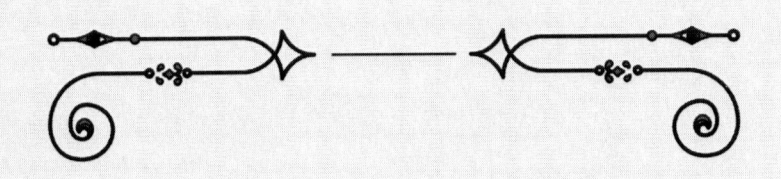

Chapter 1　追求不同，卻幸入藕花深處

生當為人傑，我輩豈是蓬蒿人

　　週末，一邊幫姪子檢查作業，一邊聽他在旁邊背誦宋·李清照的〈夏日絕句〉：「生當作人傑，死亦為鬼雄。至今思項羽，不肯過江東。」與唐·李白的〈南陵別兒童入京〉：「……會稽愚婦輕買臣，余亦辭家西入秦。仰天大笑出門去，我輩豈是蓬蒿人……」

　　聽著聽著，我就想起了自己的年少時光，想起了長我幾歲的「導師」——莉莉姐。

　　我認識的莉莉姐，從小就是一個非常活潑、開朗的女生，身上具有所有白羊座女生的特質——熱情好客、活力四射，對生活充滿期待。這樣的人就像太陽一樣耀眼，很難會不吸引到別人的目光。因此，莉莉姐從小到大，就備受長輩們喜愛，她也有很多朋友，其中也不乏追求者。莉莉姐自小就很有自覺，這也是我非常佩服她的一點。別的小朋友還在外面玩遊戲、回家吵著讓父母買玩具的時候，唯有莉莉與眾不同，她每天都在看書，讓父母所購買最多的「玩具」，便是各種書本——百科、經典名著等。莉莉姐就是那個大人口中「別人家的孩子」，照理說，我們應該要很討厭她，可是沒有，因為莉莉姐用她為數不多的幾次遊戲時間完全征服了附

近的其他小朋友，儼然成為大家心中的孩子王。

有一次，我看見莉莉姐在背誦這些詩的時候哭了！我原以為她不會背，還好心勸慰她，結果，她告訴我：「我會背這些詩。」

當下我就不明白了，便問道：「那你為什麼哭呢？」

「因為我想起了古代那些為大眾做出貢獻的先賢、英雄，覺得他們太偉大了。我覺得人就應該活得像詩中描述的那樣，『生當作人傑，死亦為鬼雄』！」

我那時年紀還小，不太能明白莉莉姐的意思，就是單純覺得果然是莉莉姐說出來的話，好高深！當時老師讓我們寫一篇關於長大後想做什麼的作文，我就問莉莉姐：「莉莉姐，你長大後要做什麼啊？」

莉莉姐那時的回答是這樣的：「哈哈，我將來可是要拯救天下蒼生的！」

我這才明白，原來莉莉姐要做一名醫生呀！在小小的我眼中，莉莉姐就像是古代的俠客一樣，從小就是一個不凡之人，將來肯定會活得與眾不同，成為她口中的「人傑」。

果然，莉莉姐後來去讀了醫科大學，在追夢的道路上持續前行。當時，正值青春期的我，對未來懷抱著美好的憧憬和幻想，也覺得自己是與眾不同的。我也學著莉莉姐，看了很多書，當我再讀到這些意氣風發的詩句時，胸中總會湧現

Chapter 1　追求不同，卻幸入藕花深處

　　一股熱流，整個人好像被注入了萬千活力一樣，整個人生充滿了澎湃的熱情。青春期的自己，總是以莉莉姐為榜樣，覺得自己身上有一種「神力」，能夠開天闢地，化腐朽為神奇！

　　後來，莉莉姐大學畢業，進了一間醫學中心當醫師，而我也考入了理想的高中，進而升上理想的大學，再後來就很少聽到關於莉莉姐的消息了。直到今年回家過年，才又一次聽媽媽說起了莉莉姐。莉莉姐開始工作後，認識了一位男醫師，並與他相戀、結婚、生子。可以說，在她30歲之前，莉莉姐的人生真是順暢極了。然而，或許是興盡悲來，莉莉姐的先生被人爆出了有小三的消息！這讓莉莉姐非常痛苦，因為她一度認為她和先生在靈魂上是完美契合的，兩個人都有著共同的話題、共同的夢想。莉莉姐一度不能接受，甚至找到第三者的公司將其痛罵一通，又將先生告上法庭，訴請離婚。

　　聽我媽轉述，那段時期，莉莉姐過得很辛苦。因為她不僅要處理醫院裡的工作，還要面對雙方家長。雙方家長因為考慮到他們孩子的原因，都不建議莉莉姐離婚，而且莉莉姐的先生也痛哭流涕的懇求原諒，說自己會改過自新。但是，她還是堅決要離婚。

　　莉莉姐在那一段時間疲憊至極，結果在工作的手術中出現了意外，導致病人不幸身亡，病人家屬又將莉莉姐告上了

> 生當為人傑，我輩豈是蓬蒿人

法庭。醫院迫於輿論壓力，不得已解僱了莉莉姐。愛情、事業的雙敗北，這對她而言是一個很大的打擊。

自那之後，莉莉姐將自己鎖在家中，閉門不出，也不見任何朋友，直到兩個多月後才能夠走出家門。只不過，這個時候的莉莉姐因為「賦閒」在家，家人們就更不同意她離婚了，而且法院的判決也駁斥她撫養孩子的意願，最後，莉莉姐只好向現實低頭。

以前大家認識的那個莉莉姐不見了，現在的她沒有了往日朝氣蓬勃的樣子，死氣沉沉的，面如死灰，就連衣著也變得邋遢，不復以往的乾淨、整潔。一開始我還不相信大家描述的，結果，等見到莉莉姐的時候，我看到了她很明顯的變化——**她不再是一個對生活、對人生充滿熱情和活力的人了，而是一個肥胖、慵懶的中年女人，閉口不談當初「拯救蒼生」的夢想……**

小的時候，哪個女生不想像《美少女戰士》的主角——月野兔一樣擁有超能力，能夠仗劍走天涯，與黑暗勢力對抗呢？哪個男孩子不想像《聖鬥士星矢》一樣可以拳破天空、腳裂大地，為正義與和平而戰呢？可是，為什麼隨著年齡的增長，我們最初的那些「夢想」都漸漸破碎了呢？難道是我們被大眾「同化」了，不再與眾不同了嗎？或者說，因為如今世界和平、眾生平等，我們這些「俠士」再也沒有用武之地了？還

Chapter 1　追求不同，卻幸入藕花深處

是說，有些人發現自己根本不是什麼「人傑」，不會像醜小鴨一樣變天鵝，於是承認了自己「蓬蒿人」的身分，得過且過潦草度過此生？

或許這些原因都存在，但我總覺得，不管經歷了多少無奈和心酸，不論我們看到了多少悲歡離合，聽到了多少故事，或者是走過了多少曲折的彎路，**我們還是應該要不忘初心，找回那個滿懷熱情與夢想的自己，一往無前。**

就像大詩人李白，他懷有大才，卻一直鬱鬱不得志，始終沒有辦法實現自己的抱負和理想。在這一段時期，他也很痛苦、憤懣不平，寫了很多抒發懷才不遇的詩句。但是，他一直沒有放棄。終於，在 42 歲那年，他得到了唐玄宗的一紙詔書，想著實現自己政治理想的時機到了，當下他懷著興奮之情寫下了「仰天大笑出門去，我輩豈是蓬蒿人」這樣慷慨激昂的詩句。

所以，我們又為什麼要放棄呢？

每一天，都有很多人出生在這個世界上，同時也有很多人迷失了自我，找不到人生的方向，甚至會丟棄自己的夢想。但是，**如果連我們自己都放棄了自己的夢想，又有誰會記得呢？**所以，我們何不像真正的俠士一樣，在跌倒後爬起來，持續前行，努力做那個笑到最後的人！

欲為孫悟空，卻成了一隻猴

　　和很多人一樣，華凱從小就非常崇拜孫悟空，他希望自己能像孫悟空一樣無所不能，斬妖除魔。等華凱長大一點後，他更加認定我們所生活的這個世界就像花果山那個小世界一樣，有生老病死，也有權力爭鬥。所以，他立志要向孫悟空學習，做一個勇於穿過水簾洞的領導者，而不是像那些不具姓名的猴子猴孫一樣籍籍無名。

　　因為這樣的想法，華凱在學校處處爭先，搶做第一。後來，他在國中一年級時加入了學校組建的籃球隊，成為一名籃球運動員。在打籃球的過程中，華凱愛上了這項運動，更為幸運的是，他在打籃球上非常有天分，花比別人少的時間就能掌握比別人還多的籃球技巧。再加上華凱也十分勤奮，每天都做大量的籃球訓練，很快，他就嶄露頭角，打贏了很多場比賽，被學校師生美稱為「三分王」。

　　眾人的誇讚與推崇，讓華凱也認為自己是與眾不同的，感覺自己離「孫悟空」又近了一步。

　　隨著參加的比賽越來越多，華凱也為自己設下了一個目標——拿到世界級的籃球冠軍！定下這個目標後，華凱就為此不斷地努力，仔細觀看了許多世界級的比賽，也虛心請教

Chapter 1　追求不同，卻幸入藕花深處

了很多職業籃球選手，不斷增加著自己的籃球知識和技能。

皇天不負苦心人，8 年後，已經 21 歲的華凱帶領著他的籃球隊衝入了世界級籃球比賽的決賽。可以說，這場比賽是所有熱愛籃球運動的人最嚮往和尊敬的舞臺，很多人苦練十幾年，就是為了這一天！所以，華凱和他的隊友們都很看重這場比賽，也花費了比往常還要多的時間在訓練上。

然而，我們無法預計明天和不幸哪個會先降臨，否則就能提前做好準備了。就在比賽的前一週，或許是因為訓練太過密集，亦或許是訓練的時間太長，也或許是華凱沒有注意自己的身體……他的右手有時會突然無力，手腕還會不時脫臼。華凱知道，如果他告訴教練自己的身體狀況，教練肯定會勒令他停止訓練，甚至有可能會不讓他參加這次比賽！華凱不能接受這樣的結果，於是便隱瞞了病情。

結果，到了正式比賽的當天，還沒有打滿半場，華凱的右手就出現了兩次突然無力的狀況，導致隊伍失分。這時，華凱的隊友和教練發現不對勁，緊急叫停，這才知道發生了什麼。沒辦法，教練只能不顧華凱的反對，臨時換將，讓替補代為上場，並讓隨行的隊醫檢查華凱的右手情況。隊醫診斷他為習慣性脫臼，並說右手曾有舊傷，如果好好休養，還有可能恢復如初，但現在為時已晚，手部的傷嚴重到以後都不能繼續打球了。這個噩耗對於華凱而言不亞於晴天霹靂！

> 欲為孫悟空，卻成了一隻猴

　　最後，因為替補的實力不如華凱，而且和球員之間的配合也沒有那麼有默契，導致他們最終輸了比賽。華凱覺得是因為自己隱瞞病情的緣故，才拖累了整個籃球隊，他心有愧疚，就悄悄地離開了籃球隊，再也沒有和籃球隊的成員有過任何聯繫。

　　離開之後的華凱也不再像之前那麼自傲了，他就像被五指山壓了五百年的孫悟空一樣沉默了，收斂了，轉而成為一名普通的中學體育老師，再也不提當年的夢想和輝煌。

　　看到這裡，可能很多人會為華凱感到可惜！如果華凱不那麼驕傲、不選擇硬撐，說不定他真的會成為籃球界的「孫悟空」。可是，**世上的事情，哪有那麼多「如果」呢？**再說了，假設「如果」成真，那麼華凱也就不再是華凱了。

　　其實，華凱之所以有這樣的結果，與他的畫地自限有很大的關係——他一心想要變得像孫悟空一樣有名，太渴望在眾人中脫穎而出了，所以才那麼努力地打籃球，結果卻失敗了。然而，失敗並不可怕！孫悟空當年也失敗過，也曾被天兵天將抓過，但是他能夠改過自新，這才有了後來的西天取經，才能夠成佛。**有想法、敢冒險、肯改變，這才是孫悟空與花果山的其他猴子最不同的地方。**

　　可惜，現在的很多年輕人，只學會了孫悟空的炫耀賣弄、驕矜狂妄，在某一方面稍微做出些成績，或者是受到大

Chapter 1　追求不同，卻幸入藕花深處

家過甚其辭的追捧，就開始沾沾自喜。但等到他們經受打擊後，卻不能像孫悟空一樣去反思、去改進，這才徒惹了許多笑話。

不知大家是否記得孫悟空剛出生的時候，玉帝在天界聽到了聲響，就派千里眼和順風耳去查看發生了何事。玉帝知道孫悟空是天地精華所化生後，依然不為所動，說了一句「不足為奇，讓他自生自滅」。由此可知，玉帝也好，當時的諸位神佛也罷，都不將孫悟空放在眼中，哪怕他出生不平凡。這就是「眼界」的高低之分。

要知道，天外有天，人外有人，當我們接觸到越來越多的人，接觸到的圈子更多、更大後，就會發現，自己就只是一個普通得不能再普通的人！所以，**我們應該學著去經歷風雨，這樣才能真的讓自己不斷地進步**，也才能真正像我們的兒時英雄孫悟空一樣，從弼馬溫成長為齊天大聖、鬥戰勝佛！

青春裡風一樣的少年消失了

在有關青春的故事裡，似乎只有春夏，沒有秋冬。青春裡的少年們，就像春夏的風，或溫柔和煦，或張狂恣意，卻始終充滿了希望和能量。

1

在我的記憶深處，一直有一個像風一樣自由自在的影子，他就是我兒時的好玩伴 —— 巍仔。

巍仔從小就和我們這些只會掛著鼻涕、在街頭巷口裡跑來跑去的小屁孩不一樣。

他的眼睛特別亮，裡面彷彿有整片星空。當時所有見過巍仔的大人都誇他的眼睛亮，說他將來必成大器。

有了成年人的加持，再加上巍仔很聰明，他就成了我們這一片的「美猴王」，負責指點江山。

有時候，巍仔也和我們一起玩，只不過人家穿著整齊、乾淨，像是要去參加什麼正式活動似的。而且，每次和我們玩遊戲，巍仔都會提出一個新的規則。當時，也不知道他從哪裡找到那麼多有趣的規則，總能引領潮流，讓附近幾條巷

Chapter 1　追求不同，卻幸入藕花深處

道裡的人頗為羨慕。

俗話說「一人得道，雞犬升天」，因為巍仔的「領頭人」地位，導致和他同住一條巷子裡的也成為其他小孩的羨慕對象，我們幾個還因此中飽私囊了許多玻璃彈珠、遊戲卡片等好東西。

2

2003 年，「SARS」肆虐，對我們這個偏鄉的小城鎮雖然影響不大，但學校還是依照規定，給我們放了長假。這對當時的我們而言可是「賺到了」！

假期那麼長，總要找些好玩的事情做做。於是，我帶著其他三個小夥伴，一起找到了巍仔：「巍仔，假期這麼長，你有什麼好玩的東西嗎？」

當時巍仔正抱著一個魚缸盯著看。我問他在幹什麼，他回答說正在研究水陸兩棲動物的生活習性。你看看！人家就是與眾不同，都開始了自己的研究，還研究得那麼深入，哪像我們這些小屁孩，只會來找人家玩。

瞬間，我覺得自己好像一個誘拐好學生去蹺課的「壞人」，自己不思進取就算了，還耽誤人家。

其實，等我長大後我才醒悟，巍仔口中所謂的「水陸兩棲動物」其實就是一隻烏龜！用俗話來說，就是「王八」。也

就是說，巍仔天天在盯著一隻王八的吃喝拉撒。

可是，當時的我們就是那麼「傻」，覺得自己干擾了巍仔的「大業」，站在旁邊，連話都不敢大聲說，擔心驚擾了魚缸中的那隻「水陸兩棲動物」。所以，當巍仔說他決定放下他的「大業」，和我們一起組建一支籃球隊的時候，我們都對巍仔感激得涕淚縱橫，瞬間覺得巍仔的形象十分高大，為了吾等不思進取之人放棄了那麼多。

少年的憂愁就像三分鐘的熱風，「嗖」一下就吹過去了。我們前一秒還在對巍仔的放棄深表愧疚，下一秒就和巍仔勾肩搭背出門去找打球的場地了。

找來找去，我們將場地選在了一家廢棄的舊工廠，沒有平整的場地，我們就一個個徒手搬廢材，清場地；沒有籃球筐，我們就找來一個破籃子掛在牆頭；沒有籃球鞋，我們就穿著拖鞋⋯⋯

在掃除了一切障礙後，在巍仔的帶領下，我們訓練了差不多兩個月。當我們幾個籃球「小白」慢慢投進幾個球後，就感覺自己特別厲害，相信自己伸出雙手就能擁抱全世界。

當時的我們初生之犢不畏虎，一個個豪情萬丈，覺得自己堪比漫畫《灌籃高手》中的流川楓和櫻木花道，已經能夠打遍天下無敵手了。僅僅在舊工廠打球，已經無法滿足我們的需求了。所以，巍仔憑藉自己超人的智慧，也不知道他是怎

Chapter 1　追求不同，卻幸入藕花深處

麼做到的，總之說動了市中心的一家知名超市，要在一個月後舉辦一次籃球賽！

聽到這個消息的我們樂瘋了！紛紛抬著巍仔繞舊工廠跑了好幾圈。

之後，我們用前所未有的專注，開始了訓練，誓要拿得籃球比賽的冠軍。

一個月後，在那場觀眾不多、參選球隊也不多的比賽中，我們打贏了一個平均年齡12歲的小學隊，贏得了比賽。當我們拿著超市獎勵的牛皮筆記本，站在超市門口合影的時候，感覺就像是贏得了全世界。

至今，那個牛皮筆記本還被當作一件「貴重物品」，被我保管在一個紙箱子中。

沒幾天，學校開學了。這三個月的經歷就像一場夢，我們一個個從夢中驚醒，又開始了日復一日的枯燥學習，開始了被父母和老師揪著耳朵背課文、交作業的日子。

3

後來，我們上了高中。

巍仔進入一高在我看來是理所當然的事情，我卻像被幸運女神眷顧一樣，在會考時超出平常水準，也進入了一高。

升入高中後，我猶如劉姥姥進大觀園一樣，認識了很多

家庭背景優渥、有權有勢的同學,當然也見到了很多像巍仔一樣的聰明人。

巍仔還像之前一樣研究這個,擺弄那個。或許這裡的「聰明人」太多,或許大家都忙著學業,總之,除了我偶爾會去看看巍仔的那些「成果」,也沒有其他人捧場。

漸漸地,巍仔學會了抽菸。他經常蹲在學校的牆角抽菸,罵這種無聊的高中生活,罵這樣諷刺的生活。每當他說這些的時候,他的眼睛和他的菸頭一樣,忽明忽暗。

高二上學期,巍仔就退學了,說要去遠方尋找有意思的人和事。自此之後好多年,我都沒有再見過巍仔。

4

我按部就班地上完高中,考入了一所不錯的大學,順順當當地畢業。

只是在畢業後,一向聽話的我,沒有聽從父母的安排留在家中幫襯家裡的生意,而是一個人來到了陌生的大都市。

我成了北漂一族。每天,我和這世上的眾多普通人一樣,擠著公車捷運,為多賺幾餐飯食而忙碌奔波。

有時候,當我走在夜晚的天橋上,看著天橋下龜速前行的車輛和一身倦態的人們,看著整座城市的燈火,偶爾也會想起巍仔那忽明忽暗的菸頭,以及他那一雙明亮的眼睛。

Chapter 1　追求不同，卻幸入藕花深處

但這個時候的我，已然無暇多顧，只感覺北方的秋風特別蕭瑟，冬天的風也著實凜冽，颳得人臉都痛。記憶中那樣輕鬆和愜意的春夏之風，早已不知所終。

5

一次和父母打電話，聽他們說巍仔回家了。關於巍仔的消息才又多了起來。

說他帶回了一個漂亮女生；

說他為了和這個漂亮女生結婚，為了給人家二十萬的聘金，跟著車隊天天出車運貨；

說他有了一個可愛的兒子；

說他為了給年邁的父母看病，賣掉了自己的貨車；說他⋯⋯

巍仔像普天下的眾多男人一樣，成家立業，敬老慈幼。

6

今年夏天，由於完成了一個大項目，老闆獎勵我一個星期的假期。加上之前累積下來的年假，差不多有一個月的時間，我就回家了。一走近家門口的那條巷子，我就看到逐漸老去的父母正雙雙站在巷口等我，一如晚自習放學後他們等我回家的模樣。

> 青春裡風一樣的少年消失了

　　我彷彿一下子回到了十幾年前，彷彿看到了意氣風發、不識愁滋味的我們，眼淚毫無預兆地就掉了下來。

　　這次我回來，特意找巍仔喝了酒。喝醉酒的巍仔，眼神迷離，口齒不清，絮絮叨叨地說著自己這些年的酸甜苦辣。

　　一陣夏風吹過，在這裊裊蒸騰的炭火中，我又看見了手捧牛皮本、站在超市門口，笑得一臉恣意的少年。

　　儘管我們都已經回不去從前，但還是希望我們能夠堅持當時的信念。

Chapter 1　追求不同，卻幸入藕花深處

為何你經常感到不快樂

和姊妹淘一起逛街，兩人互相說著彼此在近一段時間的煩惱，互相罵著某個看不順眼的人是個傻瓜，說自己又遇見了哪些奇葩。兩人越說越義憤填膺，將那些人的事蹟一個個都說得深惡痛絕，好像全天下除了彼此，其他的都不是人一樣。說到最後，好友嘆了一口氣：「真想回到小時候，長越大反而越不快樂……」

我們生活在一個和平的年代，沒有戰火的紛擾，沒有飢餓的威脅，也沒有生存的危機，那麼，**我們有什麼好覺得不快樂的呢？很簡單，就是因為我們丟失了自己。**

說到這裡，我想起了曾經上國中的時候讀過的一本書，書的名字叫做《尋羊冒險記》。這本書是日本作家村上春樹的早期作品之一，年代較為久遠，所以有些人可能不太聽說過這本書。不過這不重要，因為現在距離我看這本書的時間也很久了，我也快忘光了其中的故事情節。可能有人會說：「你都忘光了，還跟我們提這本書幹嘛？逗我們玩？」還真不是。故事情節我雖然不太記得清了，但我對其中的一句話印象深刻──「活到26歲，然後死掉」，至今仍不敢忘記。

我還記得這句話是一個小女孩說的。年僅十四五歲的

> 為何你經常感到不快樂

我,在看到這句話後,不僅十分不解,也甚是惶恐!我不明白,為什麼小女孩會說出這樣的話?為什麼大家「只能」活到26歲,然後就要死掉?難道大家不應該都希望自己活得長長久久嗎?最好可以長生不老,得永生。可是,這本書裡的小女孩為什麼和大家的想法背道而馳呢?

更重要的是,如果按照小女孩的說法,當時的我僅剩十年多一點的時間了!天哪,歌手陳奕迅唱的〈十年〉都比我要活著的時間長,這對當時還沒有了解這個世界的我來說,真的是太殘忍、太恐怖了!我當時對整個世界充滿了美好的想像,我想要去看外面的風景,去吃各個地方的美食,去與整個世界談戀愛。在我還沒有領略到這些大好風光之前,我怎麼可以那麼早死呢?所以,對於小女孩的這句話,當時的我是所無法接受,也不能理解的。

看完這本書,我就將它丟到了一邊,並認為這是一本「不祥之書」,不能再看。但是,我沒想到,那句話卻像一個魔咒一樣,經常迴盪在我的腦海中。

現如今,我已經 28 歲了,已經完全超過了書中限定的「26 歲」。雖然這時的我依然活著,但我卻終於明白了那句話的意思──**我的精神正在逐漸消亡**。那句話的意思是說,當很多人到達了 26 歲的那個門檻時,肉體雖然還活著,但是他們已經不再追隨自己的夢想,而是被這個社會馴化、調教,戴著面具偽善地生活,成為稚童們非常厭惡、不願成為

Chapter 1　追求不同，卻幸入藕花深處

的「大人」。這種變化的過程，無異於精神上的死亡。所以，小女孩（也就是作者）為了不讓自己變成這樣，才會提出「活到 26 歲，然後死掉」的看法。

有的人活到了 26 歲，他們只會不快樂地活著——像行屍走肉一樣，每天無趣地活著。每天被手機上的鬧鐘支配著睡覺清醒，擠著摩肩接踵的捷運上下班，一天三頓吃著速食速食和外賣。

無趣的人們不會再為了感情而瘋狂，也不會再因為朋友間的一件小事而感動，甚至就連先前的夢想與熱情也好像是奢侈的事情了。**這樣枯燥乏味的我們，終將逐漸失去了靈魂**。

或許有些人會覺得這樣的說法太過矯揉造作，是在無病呻吟，但是，真的是這樣嗎？如果不是感受到了痛苦，我們又怎麼會呻吟呢？

我曾經在網路上和一位網友聊天。他說自己是一個七年級生，身在七年級末段班卻進不了八年級，年齡尷尬不說，生活的年代也很無奈：「我們這代人，從小接受的是填鴨式的應試教育，我們從進入學校的第一天起，就被老師和家長命令「只准做與學習有關的事情」，不讓做這個不讓做那個的，往後十幾年的生活也都被規劃好了。好不容易進入大學了，我們才能夠自主進行選擇，結果還沒放鬆兩年，一畢業，不

> 管你有沒有做好準備,猛地就被推到了殘酷的社會現實中!讓很多人都回不過神。緊接著,就是操心房貸、車貸以及越來越不值錢的鈔票。你說說,對於二三十歲,房、車、錢、另一半都沒有的我們來說,是不是很失敗?你沒什麼大病,也沒經歷過什麼大苦,可你卻成不了家,養不了孩子,也養不了父母,甚至也做不了自己想做的事情,你說這樣的我們又怎麼能夠快樂得起來呢?」

我承認這位網友說的有一定的道理,我也認為在這個世界上生活並不是那麼容易,但是,想要天天快樂也不是不能夠實現的事情,我們總會有辦法讓自己多快樂一些。

就像前面提到的《尋羊冒險記》裡,說一個人活到26歲,如果被現實打磨得失去自己獨立的精神,還不如赴死。那麼,**如果我們沒有失去自己獨立的精神,是不是就能夠活得長久一點呢?如此一來,我們快樂的時間是不是就能夠多一點呢?**

趁著自己還年輕,來做出一點點的改變吧,不要追逐得太累,心靈的愉悅,來自精神的富有,健康地活著,真誠地愛著,也是一種富有,以一種平常心來快樂的生活。

Chapter 1　追求不同，卻幸入藕花深處

失控的情緒讓我們面目可憎

英國的著名詩人約翰・米爾頓（John Milton）說過：「一個人如果能夠控制自己的情緒、慾望和恐懼，那麼，他就勝過了國王。」

雖然這句話不難理解，但是仔細想想我們自己的生活、他人的生活，會發現有很多人都很難控制自己的情緒。

是大家不懂得這個道理嗎？不！大多數的人都明白很多生活的道理，也知道情緒對於人際關係上的影響有多重要，也明白情緒失控的自己會有多醜陋，但是往往還是很容易因為一些雞毛蒜皮的小事情，控制不住自己體內的原始本能，讓情緒大爆發，讓生活一團糟，不得不咆哮著對待這個世界！我的好友小梅就是如此。

自從大學畢業後，我就與小梅分別了，兩人各奔東西，一直未曾再見過面。前一段時間，我要去小梅所在的城市出差，忙完工作後恰好到了週五，於是我約小梅週六出來聚聚。

好友相聚，思念無盡。幸運的是，時間並沒有拉遠我們的距離，我們還是像以前一樣親密無間。吃完飯，小梅提議帶我回她家看看，我欣然同意，就坐上小梅的車跟她一起回

失控的情緒讓我們面目可憎

去。結果,這一路上,小梅讓我「大開眼界」。

原本,我計劃與小梅在車上聊天,誰知小梅一改往日的溫柔可愛,變得十分潑辣:「到底會不會開車啊?不會開不要上路啊!」「你個白痴,橫穿馬路是想死嗎?」「智障!」看著小梅橫眉豎目就將這些話脫口而出的時候,我都驚呆了!這還是我以前熟知的那個個性甜美可愛、和睦溫柔的女孩子嗎?要知道,自從認識她以來,我可從沒聽她說過髒話。這下好了,一下子就聽回本。

小梅也看到了我的驚訝和不知所措,就訕笑了一下,解釋道:「這真不怪我啊!你開兩年車就知道了,實在是那些不守交通規則的人太令人火大了,我是想和他們好好說,可那也得要他們肯聽啊!所以我就……這樣了。」

聽著小梅的解釋,我點頭表示理解,但是在接下來的相處過程中,卻忍不住會想起以前那個和善的小梅。我在想,到底是什麼讓我們的情緒變得失控?是那些不遵守規則的人嗎?是那些來惹怒我們的人嗎?這其中肯定有別人的因素,但是我知道,更重要的原因是我們自己——**我們因為缺乏自主控制力,無法控制自己的情緒,讓自己變得面目可憎,口出惡言。**

英國詩人西格夫里·薩松(Siegfried Sassoon)的《於我,過去,現在以及未來》提到:「心有猛虎,細嗅薔薇」。在每個人的心中,其實都飼養著一頭猛虎,它平常被理智、修養

Chapter 1　追求不同，卻幸入藕花深處

和道德壓制著，看起來溫順、無害，也安分地待在心靈深處。但是，如果我們稍微放縱一下自己，或者是外界給予了一點點誘因，就會讓關押它的心門不那麼緊閉，從而把這頭猛虎放出來。

猛虎出籠，帶著破竹之勢，很快就會侵占了我們的精神和靈魂，讓我們的性情大變，讓我們的面目可憎，讓別人受到傷害。當我們的理智稍微回歸的時候，我們就會因為自己的所作所為而痛苦；時間再長一點，我們終會變得麻木，不再覺得猛虎傷人是什麼了不起的事情，甚至還會安慰自己——又不是只有我一個人這樣，有什麼關係。

可是，荀子於〈勸學〉曾言：「不積跬步，無以至千里」。任何事情都是積少成多引發質變的，情緒失控也是如此。原本失控的部分只是芝麻大的一點，會慢慢像滾雪球一樣變成西瓜那麼大；原本只有一個人情緒失控，漸漸會像瘟疫傳染一樣有越來越多的人如此。漸漸地，等到我們深受其害的時候，才驚恐地發現，局面已經無法控制。

再加上這幾年網路風行，大家都不知道螢幕對面的人是誰，反而讓更多人肆無忌憚，給了自己一個釋放猛虎的地方。「藝人袁珊珊滾出演藝圈」就是一個典型案例。

當時，這個話題上了搜尋排行榜，很多不明真相的觀眾都在下面跟風抹黑與謾罵，說藝人袁珊珊長得醜、演技差、心機重，等等。若網友們僅僅指責藝人袁珊珊也就罷了，有

失控的情緒讓我們面目可憎

些人還上升到她的家人、朋友，連這些人也跟著一起被罵。更為奇怪的是，如果有人反對罵這些「名人」，說不定這個人也會被罵，甚至會被嗆：「她是公眾人物，就應該被公開檢視，我們觀眾看得不爽就要罵！再說了，我們不罵她，她怎麼可能這麼出名呢？」

看看！這種假兩難推理邏輯真是讓人憤怒！如果這種人就站在你面前，你是不是恨不得不吵架，乾脆直接就動手了？所以，大家說，這種為了發洩自己的怒火而肆意辱罵他人的人很醜陋。可能有些人會說，這些經常罵別人的人（網路中稱為「酸民」「正義魔人」）應該教育程度不高，或者是生活、工作都不順心，所以才會罵人吧？其實不是如此。他們中有很多人都擁有體面的工作及一定的社經地位，在現實中可能也大多是一個儒雅、懂禮，甚至是內斂的人，但是，不知為何，一到網路上，他們就像變了一個人一樣，口不擇言，咄咄逼人。

不僅謾罵會讓我們變得面目可憎，如果我們是被人罵的「當事人」，我們很可能也會情緒崩潰，釋放內心的猛虎。為什麼這麼說呢？試想，明明自己這一天過得都很愜意，心情很美好，卻無端看到一些不友善的言論，自然整個心情狀態就會變得低落，有些脾氣火暴的人就會變得憤怒。哪怕有的人心臟很大顆，也很能調整自己的情緒，但是，長時間處在負面的能量中，難免會變得傷感、憤怒、仇恨……

Chapter 1　追求不同，卻幸入藕花深處

　　所以，換位思考一下，我們在開口前、行動前都應該三思而後行，不要放任自己的壞情緒、壞脾氣，以免傷害別人，造成不好的結果。如果有些人實在控制不住自己的脾氣，想要說一說，不妨換一種表達方式；把「你這個笨蛋會把這件事搞砸的」換成「不如我們想一想有沒有更好的解決辦法吧」，或者把「你這個笨蛋」換成「你怎麼這麼可愛哦」！怎麼樣？有沒有瞬間覺得這句罵人的話變得很可愛？長此以往，說不定我們會將心中的猛虎重新馴服，讓它變成一隻溫順的小貓，讓它能嗅到薔薇的芬芳，做一個護花使者，而不是辣手摧花的人。

愛情崩塌成了一片廢墟

　　一個人行走在熱鬧的街區，聽到路邊一家店裡正在播放著歌手周杰倫的〈愛情廢柴〉：「曲終人散，你也走散，我承認我是愛情裡的廢柴。你的離開，喊得太快，我的依賴還在耍賴……」

　　如果是心情愉悅、心中無事的人聽到了，可能會覺得：「哇！周董的歌，好好聽！」也可能會駐足聆聽一下子再離開。但是，如果是一個剛失戀的人聽到了這首傷心情歌，只會想起自己的傷心往事，讓自己覺得痛苦。

　　安娜就是這樣一個傷心人。她在街邊逛著，突然聽到這首歌，就想起了自己剛分手不久的男朋友，眼淚瞬間奪眶而出。安娜怎麼也沒有想到，她會和自己相戀十年的男友分手！

　　安娜與男友從小學開始就認識，可以算得上青梅竹馬了。在國二的時候，兩人情竇初開，互相對從小一起長大的玩伴產生了不一樣的情愫，於是兩人自然而然地就在一起了。雖然是未成年的戀愛，但是他們扛過了老師、家長的反對，熬過了大考與升學的壓力，上大學後也經受住了遠距離戀愛的考驗，這才有了現在。然而眼看兩人到了談婚論嫁的

Chapter 1　追求不同，卻幸入藕花深處

年齡了，安娜怎麼也不會想到，他們竟然沒有經得起時間的考驗！

一天，男友和安娜一起看完了一部愛情電影，兩人為電影中男主角出軌一事各執一詞。說到最後，男友告訴安娜，他能理解男主的感受，因為他現在對安娜就沒有了戀愛時的感覺，只剩下責任而已。安娜怎麼也想不到男友會這樣說，當下就離開，去朋友家住了。

安娜哭過，傷心過，也憤怒過。最終她還是冷靜了下來，因為不想要一份沒有感覺只有責任的愛情，就主動提了分手。雖然是安娜主動放的手，但是當她聽到她和男友都很喜歡歌手的新歌時，依然傷心得不能自已，當街就大哭了起來。

安娜就是不明白，她和男友打小就認識，共同經歷了那麼多，彼此間的感情應該是最濃厚的，怎麼能說沒就沒了呢？**如果連從小一起長大這種情分都經不起時間的話，愛情還有什麼可信的呢？**一瞬間，安娜覺得她長久的愛情觀崩塌了，成為一片**廢墟**。她不再相信愛情，不再看愛情電影，也不再接受任何人的追求，開始了獨自一個人的生活。

對於理性至上的人來說，人生中不僅僅有愛情，還有很多事情——友情、親情、工作和理想。這些東西和愛情一樣重要，占據著我們的生活，讓我們無暇自怨自艾。

> 愛情崩塌成了一片廢墟

對於那些感性為重的人來說，每一次愛情都是那麼美好。他們會覺得戀愛就像是清晨的露珠，是晶瑩剔透的，也是短暫易逝的；就像是懸崖上的雪絨花，是彌足珍貴的，也是短暫易逝的；他們十分迷戀愛情帶來的這些不一樣的感覺，也十分享受愛情的愉悅以及它帶來的痛楚。所以，我們何不向他們學習呢？

千萬不要覺得一次戀情的失敗就是人生的失敗，也不要因此而變得不相信愛情，我們應該從失戀中走出來，重建愛情城堡。最後，你就會發現愛情還是那麼美，太陽還是那麼暖。

再說了，失敗的戀情除了帶來悲痛，難道就不會帶給你其他東西嗎？人們常說情場失意，職場得意，還是有一定道理的。

曾經看過一個禪味小故事；一位作家始終覺得自己寫的東西沒有生命力，他嘗試了很多方法來調整卻依然沒有改進，於是他就跑進一家寺廟中靜心，希望能有所收穫。

在寺廟中，作家看到了一位老禪師，他就跑去詢問老禪師。

「大師，你說怎樣才能創作出震撼人心的作品呢？」

大師沒有正面回答，而是問道：「你談過戀愛嗎？」

「談過，這是我的初戀，我們倆感情很好，快要結婚了。」

大師聽到這裡，笑了，說道：「不用再說了。你是個好

Chapter 1　追求不同，卻幸入藕花深處

人，但不會成為一個好的作家。要知道『梅花香自苦寒來』，沒有傷口，哪知痛苦？沒有失去，哪有得到？」

佛語中常說「有因必有果」，如果一個人不曾經歷過痛徹心腑的愛情，不曾談過一場與全世界抗爭、轟轟烈烈的戀愛，不曾愛過一個求而不得的人，又怎麼會懂得愛情的奧妙呢？就像石頭之所以會有各種形狀，正是因為經歷了不同的磨礪。人生也是如此，如果從未經受愛情的磨練，又怎樣才能夠懂得世事無常呢？

大家可以看看古今中外那些大師們都是在什麼樣的狀態下才能寫下那些不朽作品的；著名德國詩人歌德正是經歷了失戀，得知自己最愛的女人夏綠蒂結婚了，才能夠在萬般痛苦中創作出舉世聞名的著作《少年維特的煩惱》(The Sorrows of Young Werther)；有著「魔法之母」的英國作家J‧K‧羅琳經歷了失敗的感情，才能夠寫出《哈利波特》(Harry Potter)這樣備受歡迎的經典著作；著名香港作詞家林夕也是因為對一個人求而不得，才能夠有靈感寫出那麼多纏綿悱惻、深入人心的歌詞⋯⋯

所以說，大家不要再為了一次、兩次的失戀就不相信愛情了，也不要覺得世界不美好了。何不在戀情失敗的時候，化悲痛為力量，藉此激發出更多的靈感，創作出更多動人心弦的作品，賺夠充足的錢，充滿信心和希望地期待下一次美好戀情的降臨！

平淡無奇的工作中是否還有夢想

2010 年，男子團體筷子兄弟的一首〈老男孩〉紅遍大江南北，也讓很多人重拾夢想。

在〈老男孩〉這首歌的 MV 中，劇中主角肖大寶和王小帥是中學時期的同學，他們都有著音樂的這個夢想，最後卻分別成為了理髮師和婚禮主持的工作。這些工作都算不上「體面」，也算不上耀眼。肖大寶和王小帥都被工作和生活磨平了稜角，他們的人生猶如白開水一般平淡無味。

就在這時，他們看到了電視臺舉辦的選秀節目，突然想重拾舊日的夢想，一起揹著吉他就去參加比賽了。他們載歌載舞，在一眾二十幾歲年輕人的隊伍裡面脫穎而出，卻也因此受到了很多非議。等眾人的感動、議論和好奇過去，他們還是難敵成人世界的法則，落敗了。就算如此，在 MV 的最後，雖然肖大寶和王小帥還是從事著之前的工作，但是我們都看到了他們的改變──他們平淡無奇的工作中充滿了夢想的影子。

有很多人聽了這首歌，看了《老男孩》這個微電影，都深受感染，做出了改變。蘇亞就是其中一個。

身為一個 38 歲的老男孩，蘇亞原來工作得好好的，卻突

Chapter 1　追求不同，卻幸入藕花深處

然辭掉了自己的工作。

在別人看來，蘇亞的辭職很突然。同事在他離職之前不停地打聽他是否有了更好的工作和去處，公司高層則開出了更好的薪資待遇想要挽留他；其他公司聽到蘇亞辭職的消息，也紛紛對他拋出了橄欖枝。從這些人的反應看來，蘇亞的工作能力應該是很不錯的，他的「前途」在大眾眼中應該是一片光明的。那麼，有著如此不錯未來的蘇亞，為什麼「突然」要辭職呢？

面對親朋好友們的疑問，蘇亞是這樣回答：「你們都覺得我辭職很突然，只有我不這樣認為，因為這是我深思熟慮後的結果。你們都覺得我的前途一片光明，也只有我不這樣認為，這份工作雖然能為我帶來金錢，卻不能讓我開心，因為這不是我最初的夢想。」

蘇亞知道，他這麼說肯定會有人覺得他「瘋了」，可能有些人還會覺得很好笑，認為多大的人了，還一口一個「夢想」，又不是參加《達人秀》，要那麼多「夢想」做什麼呢？可是，還是那句老話——一個人如果沒有夢想，和鹹魚有什麼分別。

蘇亞就是這樣認為的。他很早就覺得，自己變得越來越不喜歡這份工作，覺得工作越來越疲倦，不經意間就會萌發辭職的想法。但是，最初他也捨不得這筆著實可觀的薪資，

> 平淡無奇的工作中是否還有夢想

捨不得共同奮鬥、朝夕相處的同事,於是一直拖沓到現在。直到他無意間看了〈老男孩〉MV,看到裡面那些或中年、或老年的人,因為聽著這首歌而想到當初自己的夢想後落淚,聽到「當初的願望實現了嗎?事到如今只好祭奠嗎?任歲月風乾理想,再也找不回真的我」這句歌詞的時候,他也忍不住落淚,也開始反思自己這幾年的工作與生活。蘇亞想:「既然這份工作讓我不快樂了,那我何不辭掉它,重拾自己一直以來都保留在心底的那個夢想,開始新的生活呢?」

想到就做,蘇亞和妻子商議後,覺得家中的存款還可以應付一段時間的生活,於是就毅然決然辭職了。

辭職後的第一天,蘇亞沒有像之前幾年一樣在七點準時起床,而是睡到自然醒。醒來後,蘇亞也沒有穿上西裝、皮鞋,而是穿著家居服去澆花,幫家裡的大狗洗澡,然後端著早茶,靠在玻璃窗上看著窗外的藍天。蘇亞想:「如果可以重來,我會做什麼呢?」

在工作不如意的時候,蘇亞也曾問過自己這個問題,但是他當時都被現實壓垮了,只想著能多多賺錢,讓家人和自己有一個舒適體面的生活。但是,這麼多年,蘇亞一直很清楚,他心底的夢想總在被他忽視的角落裡跳躍著,時不時出來晃蕩幾下,再被他狠心壓下去。現在情況好轉了,他也辭職了,可以還「夢想」一個自由了。

Chapter 1　追求不同，卻幸入藕花深處

於是，蘇亞可以一整天都翻看那些擱置已久的書，可以寫一些自己喜歡的文字發表到網路上，也可以騎著腳踏車，揹著照相機，去看看山、賞賞花、踏踏青。他的文筆還不錯，發表在網路上的東西也會有人來捧場。儘管這時候的收入不如工作時那麼多，但因為有了「夢想」的加持，蘇亞覺得很快樂，很滿足。

現實中有很多人不像蘇亞那麼灑脫，他們背負著車貸、房貸的壓力，還要撫養孩子和老人，無法說走就走，說辭職就辭職。再說了，也有很多人都習慣了這樣的生活，他們心底的夢想或許是已經消失無蹤，也或許是蒙塵太久，自己都看不清了。但這些都無所謂，夢想不一定是要實現的。

就像歌手李健曾經說過的那樣：「我並不是否定去實現所謂的夢想，而是說，實現不了夢想是很正常的一件事情。它不可以成為你鬱鬱寡歡的理由。要知道，**夢想的存在是為了讓我們感受到存在於生活遠處的某種美好，而不是如大眾所想的那樣，一定要實現，等著它降臨到你面前**。我們也並非要完全依賴著夢想生活。」

李健的這番話，和作家木心在《魚麗之宴》裡所說的頗有異曲同工之妙 ──「**我曾見過的生命，都只是行過，無所謂完成。**」確實如此，夢想不一定要完成。很多情況下，追逐夢想的過程才是最美妙的。而且，很多時候，因為有夢想的

> 平淡無奇的工作中是否還有夢想

存在,會讓我們平淡無奇的工作與生活不那麼無聊乏味,也讓我們對未來有了更大的希望。

所以,如果你像故事中的蘇亞那樣,覺得你的工作讓你很不快樂了,覺得夢想非要實現不可的話,那就辭職再換一份工作,或者去追求自己的夢想;如果你的工作帶給你的快樂多過煩惱,如果你對夢想的實現不那麼迫切,那就說明你對當下的生活狀態還是滿意的,也不用傷筋動骨地刻意為了追求夢想而拋棄一切。

此外,還要注意的一點,不論我們怎麼做,我們都應該**遵從內心的選擇,儘早做出決定**。有時候我們越是想得太多,心中反而越是難熬。只有快快做出決定,我們才能早點品嘗到快樂的滋味。

Chapter 1　追求不同，卻幸入藕花深處

當你在學海中迷路了怎麼辦

　　近日，中國補教名師張雪峰舌戰群儒，怒嗆節目主持人的影片在社群媒體上造成了巨大迴響。在這個影片中，他堅持己見，認為考大學是人生中一件非常重要的事情，甚至能夠改變一個人的命運。

　　當節目主持人問張雪峰：「你是從事了這份工作才覺得考大學重要，還是因為你自己覺得這件事確實很重要？」很多觀眾都能看出來，張雪峰在回答這個問題時很激動，眼角都紅了，說明在他看來，真的認為考大學對一個年輕人來說是很重要的事情。那麼，親愛的讀者們是怎麼看待的？覺得考大學真的這麼重要嗎？

　　有些人認為學歷很重要，認為知識能夠改變命運，但是，有些人卻覺得，百無一用是書生，讀那麼多書也沒什麼用，會賺錢才是最棒的。 在我看來，這兩種看法都有點偏激，因為錢和知識一樣，都對我們的生活非常重要。我們的食衣住行等，都需要錢，誰能理直氣壯地說錢不重要呢？

　　人們往往在意識到了金錢的重要性，所以才會努力奮鬥去賺錢。但是，人們也容易因此產生入了盲點，要麼只知道賺錢，認為錢越多越好；要麼死讀書，兩耳不聞銅臭事。其

> 當你在學海中迷路了怎麼辦

實,知識和錢一樣,都是非常重要的。我們可以視學歷如糞土,也可以不考取證照,但是一定要不間斷的學習,充實精進自己,不然,我們就會在學海中迷路。就像淼淼,就是在學海中迷路的人。

每年年初及年中,是學子們大考的日子 —— 高三生經歷大考,父母長輩們陪伴大考,已經畢業的年輕人回憶大考。

淼淼對此是又愛又恨 —— 愛著對未來生活的美好和憧憬,也恨著已經逝去的青春。

距離淼淼大考結束已經七年了。在這七年間,淼淼始終忘不掉當年考試的那個夏天。她記得自己坐在悶熱的教室裡,每天都有背不完的歷史事件,也有解不完的數學習題。有時候,淼淼聽著老師在黑板上寫字的聲音,直擔心頭頂上正在呼呼作響的老舊吊扇會掉下來;淼淼經常在望著眼前堆得很高的書本時,渴望地望向窗外那高聳的樹,想著等到考完之後,自己一定要去山上或去水邊奔跑歡呼,去對自己喜歡的人表明心意。

理想美好,現實殘酷。大考完的淼淼卻什麼也沒做,因為她只覺得疲憊,於是睡了個昏天黑地。就在吃了睡、睡了吃的循環中,考試成績出來了,沒有那麼理想。但淼淼不想再經歷備考的一年,於是她去了一個不那麼理想的學校。

在大學裡,淼淼和眾多剛進入大學的學子一樣,沒有徜

Chapter 1　追求不同，卻幸入藕花深處

徉在圖書館裡，而是迷失在宿舍裡。看劇、上網、逃課……但也算有驚無險，淼淼順利畢了業，找了一個還算可以的工作，成為一個上班族。

至今，淼淼已經上了三年班了，但她依然覺得生活缺了點什麼，總感覺不太對，她自己也不怎麼快樂。夢醒時分，淼淼經常會想起那個炎熱的夏天，想起吊扇的呼呼聲，想起老師的板書聲；每到六月，她總會煩躁、失落、難過、感傷，卻不知道原因。直到有一天，她回家過節，和媽媽一起整理舊物，從閣樓上翻出自己多年前的高中課本和記得滿滿的筆記本時，她才明白，自己這麼些年為什麼始終不開心。也是到了這個時候，淼淼才明白，她不是討厭六月，而是討厭六月的大考；她真正討厭的也不是考試，而是那個無法實現夢想的自己。或者說，是那個不再學習且在學海中早已迷路的自己！

所以，一到六月，當看著那些考生在為了自己的人生奮力一搏時，淼淼總是會開始回憶自己的青春生活；當看著他人對六月寄予厚望時，淼淼總是無法面對當年的自己，也無法面對當下逃避生活的自己。於是，她煩躁、鬱悶。當她現在看著高中課本上自己寫下的那些密密麻麻的字時，她瞬間哭了。因為她看到了多年前那個為了一件事情而那樣去奮鬥的自己，想到了當年那些充滿希望的日子，回憶起當年被學

> 當你在學海中迷路了怎麼辦

習填滿的充實時光。淼淼這才想起來，從上大學到工作，她再也沒有好好地、認真地翻閱過一本愛看的書了，就連曾經最喜歡的那些小說也丟在了一旁。「這是為什麼呢？」淼淼一邊哭一邊想。她甚至想，如果當時考到了當時理想中的大學，那她的生活會不會完全不一樣？帶著這個問題，淼淼繼續回到上班的日常生活中了。

或許是找到了原因所在，淼淼連上班也變得漫不經心。她覺得現在的生活太沒意思了，工作也很無聊，而她再也找不到大考那年的打拚和奮鬥的衝勁了。於是，她突然想到，何不瘋狂一次，重新開始學習、上學，讓自己再好好地瘋狂一次，讓自己的命運走向另一個端點？就這樣，淼淼重新踏上了求學之路，為幾個月後的研究所考試做準備。

在這一過程中，淼淼充分明白了「書山有路勤為徑，學海無涯苦作舟」這句話的奧妙，也徹底懂得──**我們每個人的一生都要不斷地學習，不能停止。一旦停止，將會讓自己陷入最無奈最煎熬最焦躁的迷途中。**

其實，不止淼淼如此，我們身邊有很多人都是如此。當大學畢業後，他們就不再翻閱書籍，也不再提筆寫字，好似以往奮筆疾書的感覺已經遠去了。很多人都說自己陷入迷途，覺得生活沒有前景，覺得工作毫無動力，覺得前路一片迷茫⋯⋯大家會這樣，都是因為不再學習精進自己。

Chapter 1　追求不同，卻幸入藕花深處

　　所以，如果你也覺得自己前途迷茫，如果你也不知道自己未來的路在何方，不如重新拾起書本，充實自己，讓自己重回書海中。要相信，自己是一顆寶石，而學習就是讓自己熠熠生輝的打磨過程，只要走過了那片迷霧，自己終會發光發熱的。

少壯自命不凡，老大一事無成

　　昨天晚上，在社區中散步，旁邊走過來的一對母子。聽這兩個人的對話，應該是媽媽剛把孩子從補習班接回來。

　　「媽媽，今天安親班的輔導老師對我們說，『少壯不努力，老大徒傷悲。』老師說我們一定要好好學習，不然將來會後悔。為什麼不學習就會後悔呀？」孩子用充滿好奇的語氣問道。

　　「因為你們就像是小小的樹苗，而樹苗的成長是需要養分的。之於你們而言，養分就是要透過學習來汲取的。老師的意思應該是說，如果你現在不好好汲取養分，將來就沒辦法茁壯成長，成不了一棵參天大樹。」

　　我聽到這裡，默默笑了笑，深感這位媽媽真是一個有趣的人。可是我笑著笑著，卻突然感到了難過。

　　或許是因為我正在往「而立」這個關卡的大道上疾馳，或許是因為自己的工作最近都不太順利，總之，我突然傷感起來，感覺自己正在老去，一大把年紀了，卻依舊一事無成。就像詩中說的那樣，老大徒傷悲。這種傷悲會讓我想要重回過去，就像電影《夏洛特煩惱》中的夏洛一樣，想要將自己的人生全部重新來過。

Chapter 1　追求不同，卻幸入藕花深處

　　早在《夏洛特煩惱》上映的時候，我並沒有立即去觀看，我是後來得空才在網路上欣賞這部電影。當時，我聽身邊的人說是一部喜劇片，還準備了零食飲料，想要放鬆一下。結果，看著看著，心中卻感到些許酸楚。

　　看完後，我發現我好像就是劇中那個不爭氣、整天只會做白日夢的主角夏洛。更為可悲的是，我身邊連一個像馬冬梅那樣愛我的對象都沒有！

　　在電影《夏洛特煩惱》中，主角夏洛學習不好，還時常打架鬧事、強吻校花、在教室放火、跳樓威脅校長⋯⋯他不以為恥，還認為自己是初生之犢不畏虎，認為自己勇於和同齡人不一樣，認為自己與眾不同，殊不知自己的這些所作所為，在成年人的角度看來，那就是一個混蛋。

　　但是，夏洛沒有意識到這些，他只認為自己將來必定是與眾不同、自命不凡的，所以他一直懷抱著心中的「夢想」，不肯接受現實，不肯找份工作踏踏實實的生活，最終成了靠老婆養活的「廢柴」，成了一個一事無成的「衰人」。

　　當受到邀請前去參加自己中學時期暗戀的女神秋雅的婚禮，見到很多老同學時，夏洛才發現，當初那些他看不起的、看不起他的老同學們都小有成就，唯獨他一個人一事無成，不知道前路在何方。心中泛酸的夏洛借酒澆愁，大醉一通，在婚禮現場大鬧，發洩一通過後的他又趴在馬桶上睡著

> 少壯自命不凡，老大一事無成

了。在夢裡，夏洛又重回高中。因為他知道未來幾年的發展趨勢，於是他「借鑑」了「後人們」的作品，成為一名超級音樂人，回擊了他的老師，追求到了女神秋雅⋯⋯但是，過上奢靡生活的夏洛卻覺得自己一直少了些什麼，而且越來越不快樂，最終他迷失了自己。

在馬桶上醒來的夏洛，發現他「前世」的輝煌與榮耀只不過是黃粱一夢，頓悟了人應該珍惜當下的生活，珍愛眼前人。

夏洛始終尋而不得的東西是什麼？就是踏實。不論是夢回過去的夏洛，還是當下的夏洛，都不懂得什麼是「腳踏實地」。現實中的夏洛，只是單方面覺得自己是與眾不同的，他覺得自己是一匹不被人賞識的千里馬，空有一身才華卻無法大展拳腳，所以終日鬱鬱不得志，兩耳不聞窗外事，只能靠著妻子養活。他從來沒想過「成家立業」這個詞的意義何在，既然業不能立，他其實可以先成家，好好找一份踏實的工作做著，先養家活口，再發展自己的夢想。

就像歌手薛之謙，當年他是電視選秀節目最終決賽的四強，也曾紅極一時，憑藉一首〈認真的雪〉成為街頭巷尾的「紅人」。本以為他之後會大紅大紫，沒想到歌是出名了，歌手本人卻仍籍籍無名，很快就淹沒在演藝圈中。沉寂了之後的薛之謙去哪裡了呢？他做了些什麼？當時沒有人知道，也

Chapter 1　追求不同，卻幸入藕花深處

沒有人關注。直到薛之謙多年之後憑藉「段子手」的身分再度活躍在演藝圈，觀眾才開始關注他的音樂，關注他那幾年的生活。這才知道，薛之謙從來沒有放棄音樂。

原來，當年的薛之謙銷聲匿跡之後，由於他寫的歌沒有唱片公司願意出唱片，也沒有人請他表演，他沒有了收入來源，活都要活不下去了。換作別的一些人可能早就放棄了自己的夢想，為生活的五斗米折腰了！但是，薛之謙沒有，他改走「迂迴戰術」這條路線，轉而開始做生意──開火鍋店、賣衣服、做段子手……靠著這些收入，薛之謙既養活了自己和家庭，同時還用自己賺的錢，自己出唱片。就這樣，薛之謙以「段子手」的身分再度回歸樂壇，讓大家重新認識他的音樂。

綜上可知，我們可以心懷大夢，也可以認為自己與眾不同，也可以試著做出一番事業，但是一定要懂得韜光養晦，一定要努力加深自己的內涵，好好積蓄自己的力量，方能厚積薄發，有所成就！正所謂，「**楚南有鳥，三年不飛，三年不鳴，此鳥不飛則已，一飛沖天；不鳴則已，一鳴驚人**」。

你還記得年少時期的夢嗎

　　一說起作家金庸的武俠小說《射鵰英雄傳》，大家都喜歡裡面那個古靈精怪、俏皮可愛的女生，她就是黃蓉。有時候，她會把自己打扮成小乞丐；有時候，她會用各種小計謀幫助她的靖哥哥；有時候，她也會熱心幫助其他人。男人都希望自己能娶一個如黃蓉般的女子，而女孩子們都希望自己像黃蓉一樣漂亮可愛，受很多人喜歡。

　　但是，當很多人看了《神鵰俠侶》後，卻不再喜歡黃蓉了，甚至覺得自己心中的黃蓉完全換了一個人，成了一個「護短、猜忌、自作聰明」的「惡人」。那麼，黃蓉為什麼會有這麼大的變化呢？就因為她嫁給了郭靖，並生兒育女了嗎？不是，是因為黃蓉步入了「成人」的行列。金庸先生只想告訴我們，生活一旦涉及到柴米油鹽，沒有誰能夠完美。

　　所以說，藝術創作真的是來源於生活。很多人，無論年少時期有多麼瀟灑，還是不能敵過時間和世界的變化，不能「脫俗」。既然我們意識到了這個問題，就要嘗試著做出改變，不然怎麼知道行不行呢？因此，希望看到這裡的人，能在心底問自己一個問題：「還記得年少時期的夢嗎？現在的自己與當初的夢想又差了多遠呢？」

Chapter 1　追求不同，卻幸入藕花深處

或許會有人說，很多人小時候的夢想都是科學家、太空人一類的「標準答案」，算不得自己真正的夢想，所以實現不了也沒關係吧？那麼，我再問：「你真正的夢想是什麼？」

每個人在不同的時期，所擁有的夢想都是不同的。比如說，一個十歲稚童的夢想，估計就是擁有數不清的玩具，不用寫作業，有很多的零用錢吧。而如果讓正處於青春期的孩子來說，可能就希望自己能夠脫離父母的「掌控」，像風一樣自由。一個成年人的夢想，無外乎會與「名利」扯上關係。

但是，我卻覺得，以上這些，都算不上真正的夢想，只能說是人在不同情況下的不同需求而已。這種需求在每個人的人生旅途中都會產生，大多相似，卻又有著屬於自己的版本。那麼，什麼是真正的夢想呢？夢想應該像是沙漠中的一片綠洲，面積不大卻點綴了整片荒漠；夢想應該是一朵永遠不凋零的花，經過風吹雨打、世事無常後，依然能夠頑強地綻放；夢想應該是一座高山，就矗立在那裡，等著我們去攀登、去征服它。可惜的是，很多人都在長大的過程中，遺失了自己的夢想。

小時候的清雅最討厭隔壁的張阿姨了，為什麼呢？因為她覺得張阿姨是一個很俗氣的女人，打扮老氣不說，還愛斤斤計較，為了幾塊錢的菜也要與那些起早貪黑的菜販來回爭論半個小時。清雅就想，如果將來她長大了，一定不要活成

張阿姨那個樣子。清雅希望自己將來成為什麼樣子呢？很簡單，就是成為一個畫家。

清雅從小就喜歡畫畫，她自小也在學畫畫，希望自己將來能成為繪畫方面的一位大師。於是，她總是沉迷在繪畫的世界當中，從不理其他的事情。功夫不負有心人，清雅在繪畫上取得了成就，大學申請到了美術系的第一首府就讀，並且在大三那年，就舉辦了一個小型的個人繪畫展。

清雅正在朝著自己的目標努力，她也越來越自豪於自己的成就。然而，就在她意氣風發、昂首前進的時候，她偶然一次瀏覽國外網站，在一個知名的網站上看到了一些繪畫作品，這些作品跟她正在進行中的幾幅作品十分相似！清雅都驚呆了，不知道是怎麼回事。很明顯，這是有人抄襲了她的作品，可是她看著那些作品的署名，是一個她不認識也沒聽過的英文名。最讓清雅不能接受的是，由於這些作品是她正在進行中的，看過原稿、知道她構思的人也就那麼幾個。也就是說，是身邊的人背叛了她。

最後，排查到最後，清雅發現是自己的好友兼經紀人蘭蘭做的。真是「畫虎畫皮難畫骨，知人知面不知心」啊，清雅在懊惱於自己識人不清的同時，發現自己根本無法狀告蘭蘭。因為她的一切，包括衣食住行包含創作方面，都是蘭蘭在打理。蘭蘭有她所有的原稿，也知道她在繪畫方面的構

Chapter 1　追求不同，卻幸入藕花深處

思和想法。這種事情，拿到法院都會因為證據不足，難以勝訴。

好友的背叛、繪畫事業的失利，讓清雅絕望了。她改變了之前的想法，不再覺得只要好好繪畫就可以了，甚至開始厭惡畫畫。因為她一拿起畫筆，就會想起這次的事情，讓她覺得噁心。

塵封畫筆的清雅待業在家，每天蓬頭垢面的，什麼也不做。清雅的媽媽實在看不下去了，讓她每天下去跑步運動，鍛鍊身體。有一次，清雅走在社區的湖邊，看著沉靜的湖水，她突然想下去看看，人如果在水底會是什麼樣的感覺。於是，她一步一步地往水裡走，這時，有一雙有力的手把她拉了上來。清雅一看，原來是她從小就看不起、很討厭的張阿姨。清雅心想，為什麼是這個討厭的人要把她救下來，讓她繼續生活在這個討厭的世界中呢？

清雅正想著，卻聽到一向不會和人好言好語說話的張阿姨對她說道：「清雅，你能想像嗎？30年前的我還是一名舞蹈演員，當時的我多好看啊，跳舞也十分好看。原本，我已經被舞蹈系的第一首府錄取了，我也以為自己可以一直站在我喜歡的舞臺上了。可是，後來我卻被突然告知，我因為個人品行問題，被學校拒絕了！我當時百思不得其解，始終不理解這是為什麼。再後來，學校的一位老師看我在苦苦尋找

原因,實在看不下去了,才告訴我,是我的一個同學去校長那裡『舉發』我的。我那時候才知道,這位同學也想申請舞蹈系上課,而我擋了她的路,於是她就捏造了歪曲事實的事情,拿著禮品去校長那裡告發我了。我知道了事情的始末,不甘心,於是將這位女同學暴打了一頓。我也因此進看守所待了一段時間,從此,我的人生就毀了,成了現在這個樣子。清雅,你的事情我有所耳聞,我只是想告訴你,別讓那些心術不正的人毀了你自己。就算她們能偷走你的作品,可是偷不走你的夢想啊!」

清雅聽到這裡,頓時大哭起來。從那之後,清雅又回到了從前,成了那個漂亮、優雅的女孩,她重新拿起畫筆,拾起自己丟散的夢想。最後,清雅漸漸聲名大噪,成為一個真正的畫家。

每個人都有自己的夢想,在追夢的道路上,肯定會遇到很多挫折、磨難,但希望大家都不要輕易放棄。就像美國作家 J·D· 沙林傑 (J. D. Salinger) 的《麥田捕手》(*The Catcher in the Rye*) 中所說的那樣:「**一個不成熟男人願意為某種事業英勇地死去,一個成熟男人則願意為某種事業卑賤地活著。**」

看這本書的時候,可能我們中的很多人都能在主角荷頓·考菲爾德身上找到自己的影子,也有很多人像他一樣迷茫,像他一樣對生活有很多意見,甚至像他一樣對生活做

Chapter 1　追求不同，卻幸入藕花深處

出了諸多的妥協。但是，**我們也能像他一樣，終會明白「成長」的意義，也會理解「夢想」之於生活的含義，從而找到屬於自己的夢想，並守護它。**

在此，以歌手李宗盛的一首歌——〈和自己賽跑的人〉獻給大家，希望能鼓勵大家不要忘記年少時期的夢想：「人有時候需要一點點刺激，也需要一點點打擊，才能找到不成功的意義，才能為了更好的未來拚命努力！」

Chapter 2
與你共鳴,遇見未知的自己

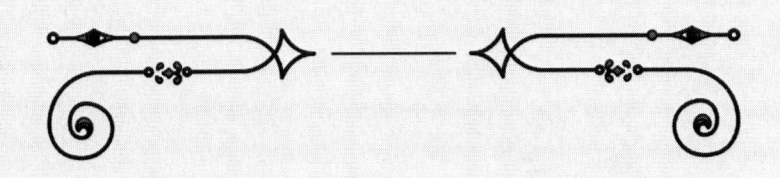

Chapter 2　與你共鳴，遇見未知的自己

讀別人的故事，醒悟自己的人生

今天在瀏覽社群媒體時，看到韓劇《請回答1988》中的成德善與金正煥的扮演者在現實生活中交往了，大家紛紛洗版：「金正煥支持者的春天！」「又相信愛情了！」「真是太太太太太棒了！」「感動哭了！」……

為什麼這兩個人的愛情關係確立能夠讓大家這麼興奮呢？為何能讓大家這麼熱情地送出祝福呢？就是因為這兩個人的角色很討喜。他們飾演的是青春期時期、互相有情愫的懵懂少男少女，卻因為某些原因錯過了彼此，沒有在一起。所以，當現實中的他們在一起的時候，就好像角色中的那點不完美也完美了一樣。

網路上的鄉民之所以這麼激動，應該是想起了自己在青春期的美好愛情吧！很多人都認為，青春期的愛情是最純粹美好的，不涉及金錢利益，是一種最單純、最純真的愛情。不像成人之間的感情，摻雜了家庭、婚姻、小孩、金錢等其他東西，讓人感覺很累。

當下網路發達，很多消息傳播迅速了，網路上有著各式各樣的緋聞八卦──誰與誰又離婚了、誰出軌了、誰與誰和平分手等等。這些消息每天以不同形式出現，內容千篇一

> 讀別人的故事，醒悟自己的人生

律，卻麻木了我們的神經，沖刷著我們的愛情觀，導致很多年輕人，年紀輕輕就以為看透了世間冷暖和悲歡離合，不再那麼相信愛情了，也不再那麼想要結婚了。

就像老歌中唱的那樣，從前什麼都很慢，一生只夠愛一個人。但是現在呢？人們的生活節奏變快了，愛情也變快了，男朋友、女朋友不停更換，誰也不肯慢下來好好認識那個正與你相戀的靈魂。

或許也正是因為這樣的原因，導致大家都覺得愛情是一件變幻莫測的事情，而不可能再長長久久的，也有人說了：「你少看一些網路上的那些愛情八卦、婚姻八卦，不就好了嗎？」可是，這是不太可能的。因為我們生活在這個大環境中，就算自己不看，別人也會看，也會議論，你還是脫離不了。再說了，人都是自私的動物，希望自己能夠少受一點傷害，所以他們非常懂得「借鑑」！希望能夠透過別人的故事，借鑑別人的經驗，讓自己少犯幾次錯，不至於在自己的人生中跌得太重。但是，我們也要注意物極必反，不然就會像茜茜那樣迷失在別人的風景裡。

茜茜是一個宅女，不太喜歡和別人交流，也沒有談過戀愛，但她卻從來不覺得空虛，甚至覺得自己已經嘗遍了世間的情愛。為什麼她會有這樣的感受呢？這與她在社群媒體上關注的兩對情侶有關。

Chapter 2　與你共鳴，遇見未知的自己

在一次偶然瀏覽社群媒體的時候，茜茜發現有兩對情侶的日常非常甜蜜：其中一對經常互嗆、惡搞對方，但最後都是為了向對方表達愛意；另一對則是經常在網路上發一些彼此間的有愛的小互動。茜茜每天都會追蹤這兩對情侶的更新貼文，看他們的日常，當他們吵架的時候，茜茜會為他們揪心，還會去下面評論，勸解其中一方；當他們秀恩愛的時候，茜茜也會發自內心地為他們感到高興。

後來，茜茜還學習這兩對情侶的相處方法，開導過身邊的幾個朋友，對此頗有成就感。再後來，茜茜就覺得自己不需要談戀愛，她開始看不慣身邊那些情侶的愛情，因為他們經常會為生活中的柴米油鹽醬醋茶起爭執。茜茜覺得他們的愛情都不是愛情，而是寂寞無聊下的產物，不像她關注的那兩對情侶，那才是真正的情侶，才是在談戀愛。

然而，就在茜茜關注這兩對情侶一年後，她突然看到一個爆料的貼文，就是曝光那些網紅真實身分的。結果，茜茜看到，她追蹤的那兩對情侶也在名單中！這讓茜茜大吃一驚，於是她仔細地去看了那個帖子，果然發現了蹊蹺——他們根本就不是情侶，而是一個行銷帳號弄出來的，想要藉機編故事來賺錢。後來，這兩對情侶也因為被大家曝光，到最後掩蓋不下去，直接刪帳號了。

經此一事，茜茜感覺自己的愛情觀要崩潰了！她不明

> 讀別人的故事，醒悟自己的人生

白，她相信和憧憬的愛情怎麼會變成假的？她嚮往的愛情怎麼是別人賺錢的工具呢？茜茜不知道是怎麼回事，她為此黯然神傷，找自己的好友哭訴。好友恨鐵不成鋼地說道：「跟你說多少遍了，網路上的很多東西都是假的，讓你不要相信他們。你偏不信，還天真地為他們支持、助陣，為他們的愛情故事吶喊加油。現在呢？你被騙了吧？你這樣就是整天不出門，光看那些虛幻的東西而被影響的。」

茜茜聽完朋友的話，也突然醒悟了過來。確實，她一直在別人的故事中找愛情，不去親身體驗一下愛情的美妙，怎麼能知道其中的滋味呢？

因為茜茜並沒有親身經歷和實踐過愛情，只是聽別人的故事，只是想著模仿別人，只是看別人的世界，卻不根據自己的實際情況，去思考到底是不是這樣，所以才會遇到那樣的困惑。

其實，當我們看過別人足夠多的故事，也會慢慢在自己的人生裡有所醒悟。到時候，我們會理智而客觀地看待自己的感情和生活，也會尊重自己和別人的努力。仔細一想，這還是一件很美好的事情呢！我們都應該學著長大，學會成熟。如今，我逐漸開始明白，成熟並不是世故，不是讓人變得玲瓏圓滑；長大也不是老氣橫秋，不是讓人變得一本正經，也不是開始對任何事都無所謂，擺出一副司空見慣

Chapter 2　與你共鳴，遇見未知的自己

的樣子。成熟和長大，只是意味著一個人在乎的東西會越來越少，留下的只有自己真正在乎的，而那些不那麼重要的東西，我們則會變得越來越釋然，變得更加隨緣。

難道所有的相遇都是偶然嗎

有人說，所有的相遇都是偶然。我卻不認同這樣的觀點，因為我覺得，所有的相遇都是一種必然。我們俗話常說「王八看綠豆」，其實差不多就是這個意思。為什麼我會有這種看法呢？這大概和我前段時間與朋友討論的一個話題有關。

那天，一個朋友和我抱怨他的一個同事。朋友說道：「說來也很奇怪。上個月，公司來了兩個新同事。我之前都沒跟這兩個人接觸過，但是我就是莫名其妙地很喜歡其中一個同事，覺得和他共事與相處都很舒服。但是，對另一個同事，我不僅談不上喜歡，甚至有些討厭他，不想和他在工作以外有任何聯絡，偏偏這個人還經常來找我玩，讓我心情很鬱悶。你說我這是怎麼了？」

可能有很多人都和我朋友一樣，會有相同的苦惱，甚至會覺得是不是自己哪裡出了問題，不然怎麼會對兩個同是「陌生人」的同事有著這樣迥異的差別對待。**其實，這不是你們的問題，而是你們的「審美死角」在作怪。**

我們每個人都有屬於自己的「審美死角」。燕瘦環肥，各有不同，每個人的審美也不一樣。就像有人覺得藝人范冰冰

Chapter 2　與你共鳴，遇見未知的自己

美若天仙，有些人卻覺得她很普通一樣。當人們看到符合自己審美的事物和人，就會忍不住親近，想要多接近一下。同樣地，面對那些自己不符合自己審美的人和事，就算別人把他誇成了天仙，我們還是喜歡不來。所以，當你遇到讓你感同身受的故事時，當你遇到你喜歡的人，有很大可能其實都是你自己的選擇。甚至可以說，這些我們潛意識中的「審美」會影響我們，讓我們選擇是否與一個人來一場相遇。

經典名著《紅樓夢》中的賈寶玉、林黛玉與薛寶釵之間的三角愛情故事就是如此。書中寶玉、黛玉和寶釵三個人從小一起長大，但是，寶玉就是偏偏更喜歡黛玉一點，喜歡和她一起玩、一起學習。其中的原因，除了他們三人各自的個性不同外，還有就是因為他們的「審美」不同。這裡說的這種「審美」並不只是指一個人的外形，也包括人的三觀。像黛玉的三觀就是比較契合寶玉的「審美」的。比如說，有一次，寶釵勸寶玉學做文章，說些求取仕途功名的話，寶玉就很生氣，直接摔門而走了，而且，他還跟襲人說，如果是林妹妹絕對不會說出這樣的話。所以，《紅樓夢》中關於他倆的相遇，評判道：「人心天意，他們兩個竟是天配的了。」由此可見，**相遇不是偶然，而是人生的必然**。

這種必然無須我們刻意尋找，也不用我們刻意等待，只需要知道，該來的總會來。當它來的那一刻，我們必然會有感覺。

> 難道所有的相遇都是偶然嗎

　　這種必然能夠為我們帶來快樂，也能帶來悲傷。因為這些相遇只是我們彼此的一面之約，等時間到了，該離開的又總會離開。但是，與其悲傷，還不如創造一個美好的相遇過程，能讓我們彼此多快樂一點。

　　這種必然是我們潛意識做出的選擇，就像風來了一般會下雨，雨下了一定會停的自然規律一樣，所有的相遇都是看似不經意間偶然發生的，其實是我們各自人生中必然會遇到的。

　　寫到這裡，讓我想起了一部日本電影，這部電影名為《落 KEY 人生》。裡面的主角近藤在澡堂洗澡摔倒了，醒來後他失憶了。在這個過程中，他的鑰匙被一個叫櫻井武史的人偷換了。

　　櫻井武史是一個小劇場的演員，努力工作多年卻始終沒有名氣，一直窮困潦倒地生活著。後來，他情場失意，想要自殺才先來大眾澡堂洗澡。就在這時，他看到了昏迷不醒的山崎信一郎，就偷走了他的儲物櫃鑰匙。誰知，山崎竟然是一個殺手，沒辦法，櫻井只好硬著頭皮開始假扮山崎的生活。

　　醒來後的山崎因為失憶，誤以為自己就是窮困潦倒的櫻井。他回到櫻井的住處後，看著櫻井髒亂的房間，得知了自己一無所有，但是他沒有被難住，而是開始認認真真地記錄

Chapter 2　與你共鳴，遇見未知的自己

自己的生活，並想盡一切辦法，努力擺脫了面前的困境。

後來，山崎還遇見了水島香苗，和水島相愛了。水島之所以會愛上山崎，不是因為山崎的錢，而是覺得山崎是一個努力、認真的人。水島也是如此，所以相似的兩個人才會相遇、相知、相愛。

看完這部電影，我就覺得，一個人的命運如何，真的與他本人關係最大。像山崎，因為是一個努力認真的人，即使窮困潦倒也沒有被所處環境所局限，而是奮鬥、打拚，最終在糟糕的生活中努力開出了一朵花。像櫻井，即使他擁有了山崎所有的錢財，依然把生活搞得一團糟。更重要的是，正是因為這個人是山崎，水島才會和他相愛。如果山崎是櫻井那樣的人，哪怕他的名字還叫山崎，水島也不會跟他在一起。

綜上可知，人與人之間的相遇、相愛並不單單是有緣無緣，也不是偶然，而是兩個人個性中的必然，與他們自己的選擇和潛意識有著緊密的關係。

不！這一切不過是潛意識在作祟

　　兩個人在吵架，其中一個人看似「不小心」地撞倒了旁邊擺著的一個桌子，而桌子上擺放的魚缸恰好被撞下來摔碎了。撞倒魚缸的那個人很快就為自己的行為道歉了，並且說道：「不好意思啊，我真不是故意的，誰知道就正好碰到了桌子，而魚缸就擺在桌子的邊上，恰好就掉了下來。」

　　其實，如果不從心理角度來分析的話，我們很多人可能會覺得這就是對方的意外之舉、無心之失，很多人可能就會相信這個人口頭上說的那些話，相信他不是故意撞倒魚缸的，包括這個人本身可能也覺得自己不是故意的。但是，如果用心理分析法來看的話，這一起事故並不是一場意外，而是可預見的。

　　什麼意思呢？就是說，用心理學家佛洛伊德（Sigmund Freud）的觀點來說，這個人在碰撞桌子、打碎魚缸的時候，就表明他的潛意識中產生了「傷害對方」、「發洩怒火」的欲望和念頭，儘管這個念頭行為人本人可能都沒有意識到，但是他卻用行動表現了出來。所以，佛洛伊德說：「**人類中的許多看似不受理智控制的、意外發生的行為，其實都受到本人潛意識的驅使。**」同樣的道理，如果依照佛洛伊德的這種觀點

Chapter 2　與你共鳴，遇見未知的自己

來看「相遇」這回事的話，那麼，我們就不能說「所有的相遇都是偶然」了。因為我們人生中出現的那些不經意的相遇，是我們的潛意識刻意在尋找的結果。亦即是說，**一個人與另一個人的相遇，不是意外，而是潛意識的「故意為之」**。

2016 年的電影《七月與安生》一經播出就大火不說，還榮獲金馬獎的「雙黃蛋」影后。在這部電影中，兩位女主角可以說是個性完全不一樣的女生 ── 一個恬靜如水，一個張揚似火。如果放在現實生活中，可能觀眾會覺得，這兩個人怎麼可能做朋友呢？但是她們偏偏就成了好朋友。

電影中，李安生是一個豪放不羈、不喜歡循規蹈矩、喜歡挑戰權威的人。她高中畢業後可以不上大學去和情人遠走高飛；可以為了賺錢和人拚酒賺外快；可以泡酒吧、學抽菸；她換了好幾任男朋友，卻始終安定不下來。而林七月卻與她正好相反，從小就是一個文靜、乖巧、小家碧玉型的優等生，她聽從家長的話，好好學習，考上了理想的大學，談著美滿的戀愛，並為自己之後的人生制定了完美的計畫。如果不出意外，林七月就會按照這些計劃度過自己的一生。按理說，這樣個性迥異的兩個人怎麼會是朋友呢？然而，等到電影的結局，當我們看到這兩個人初次相遇的場景時，發現那個鼓起勇氣砸壞玻璃的人不是調皮、堅強的李安生，而是一臉乖巧的林七月後，我們在詫異中也就不難理解，這兩人是因何而成為朋友了。

> 不！這一切不過是潛意識在作祟

　　李安生之所以看起來那麼豪放不羈，其實只是她為自己塗抹了一層保護色。李安生從小就生活在一個不那麼幸福的家庭中，缺少父母的關愛和家庭的溫暖，所以，當她看見自帶「溫暖」屬性的林七月後，自然會被林七月所吸引，想要和她一起玩。尤其當兩人成為好朋友後，李安生經常在林七月家吃飯，備受林的父母關心，這讓她很喜歡。於是，她很珍惜林七月這個朋友。

　　再看林七月，她之所以會被李安生吸引，是因為她身上也有「壞」的一面。她做夠了父母、親朋眼中的乖乖女、好學生，個性被迫壓抑，於是，她潛意識中希望自己能夠像「壞學生」李安生那樣豪放不羈，渴望像李安生那樣不被約束。因此，在人群中，她才會一眼被披頭散髮、與眾不同的李安生吸引，才會和她成為好朋友。

　　我們可以設想一下，如果林七月只是一個如她表面看起來那樣安分守己的乖乖女，在看到李安生這樣與她的傳統教育不符的女孩子時，只會覺得她是爸媽口中的「壞孩子」，只會遠離她，而不是主動靠近她。也就是說，林七月身上有著與李安生相似的地方，所以她們才會彼此吸引，成為好朋友。

　　同樣地，如果李安生家庭溫暖，渴望穩定，或者說她出生在一個如林七月那般穩定的家庭中，她可能還是會與林七月成為好朋友，但那樣的好朋友她應該會有很多，而不是只

Chapter 2　與你共鳴，遇見未知的自己

有林七月這一個。由此可知，任何人的相遇，其實是潛意識在替我們做出的選擇，是有意為之。

如果大家還不信的話，可以去看看自己身邊的朋友。大家發現沒有，能與我們做多年好友的，都是與我們志趣相投、個性相似、三觀一致的人。這就是我們的潛意識做出的選擇，這導致我們在與人交往的時候，會主動與那些我們喜歡的人、與自己志趣相投的人接近、做朋友，會主動遠離那些我們不喜歡的人。俗話說：「物以類聚，人以群分。」

也有人說，既然我們知道了相遇不是偶然的，而是潛意識中的一種選擇，那麼，是不是意味著我們可以掌握自己的潛意識，去真正做到自主選擇朋友呢？當然可以。有些人可能會發現自己身邊沒有某一個類型的朋友，那麼，他可以根據這一點去研究一下自己的潛意識，去了解一下自己為什麼沒有那種類型的朋友。是因為那種類型的朋友身上有自己不喜歡的缺點？還是因為他們身上有讓我們自慚形穢的一面？如此一來，我們就可以加深對自己的認識，才能更加地了解不曾見過的、真實的自己。

不是所有相遇都是美好的

　　如果把人生比作一場旅行的話，那麼，在這一路上，我們將會遇見很多的人和事。這些相遇的過程，就像天有陰晴、月有圓缺一樣，不可能都是美好的。我們會有一些美好的邂逅令我們高興；也會有一些不那麼令人愉快的相遇，對我們造成困擾。

　　正華和子峰的相遇就不是那麼美好。或者說，他們相識一場，前期也有愉快、快樂的時候，但最後都被埋怨和怨恨代替。

　　當時，正華和子峰都就讀同一所大學，兩人雖然科系不一樣，但大二那年，因為打球而結緣，兩人很快就成了好兄弟。在校期間，兩人一起打球、一起約女生吃飯、一起嘻嘻哈哈地經歷了兩年多的輕鬆時光。

　　臨近畢業時，正華和子峰都在為自己的以後打算。巧合的是，兩個人都想創業，不想為別人工作，於是，兩人的想法一拍即合，於是彼此說好各拿出 10 萬塊，合夥開了一家公司。公司在成立的時候，兩人就說好了，一個主內，負責公司內部的具體工作與行政事務；一個人主外，負責跑客戶、談合作以及衝業績。正華和子峰在公司正式註冊成立的那一

Chapter 2　與你共鳴，遇見未知的自己

天還一起喝酒到天亮，說彼此是一輩子的好兄弟，要一起打拚、一起奮鬥。

在公司發展的過程中，正華和子峰遇到過很多困難：被客戶突然撤資，工程不能繼續；被人灌醉到不省人事，甚至需要洗胃；上門談合作的時候被人拒之門外；重要主管突然帶人辭職殺他們一個措手不及⋯⋯但不管多麼辛苦，多麼艱難，他們都互相鼓勵著彼此，支撐了下來，並把公司越做越大，從原先的四五個人，變成了後來的二百多人。

在公司逐步擴展的過程中，正華和子峰都先後遇到了自己的伴侶，也都分別結婚生子。本來，他們以為兩人會是一輩子的好兄弟，可是，不知道從什麼時候起，他們之間慢慢有了隔閡，尤其在公司未來發展的方向上，兩人產生了很大的分歧。一開始是工作上的分歧，後來，就變成利益的糾葛。正華和子峰開始計算當初自己的付出和努力，也開始數落對方的不作為和無能。最後，正華帶著一部分員工、資金和客戶離職了，另外成立了一個新的公司，而子峰則帶著老員工繼續經營著原來的公司。就這樣，昔日的好兄弟反目成仇，分道揚鑣，揚言這輩子不再相見。

《史記・貨殖列傳》有言：「**天下熙熙，皆為利來；天下攘攘，皆為利往。**」正華和子峰這對好兄弟，在昔日把酒言歡的歲月中，可能怎麼也不會想到，幾年後的他們會變成如今

> 不是所有相遇都是美好的

的樣子。其實,我們在遇見一個人的時候,誰又會想到未來與對方的關係是怎樣的呢?生而為人,我們都是以一顆善良的心在對待這個世界,對待我們遇到的那些人和事。但是,我們的主觀意志終究不敵那些陰錯陽差。所以說,人與人之間的緣分就是那麼奇妙,總會發生一些意想不到的逆轉。

隨著我們的成長,就越來越能感覺到物是人非的變化。雖然看不見也摸不到時間,可是它帶給我們的變化卻是清晰可見的,是可以感受得到的。昔日的好友可以反目,往日的情分因愛生恨,曾經的親人彼此生疏⋯⋯這些都是因為**我們每個人都是一個「個體」,誰都有屬於自己的人生旅途,都會有很長一段路需要自己一個人走。**可能,我們覺得自己與他人的相遇還不到分別的時候,但是,在不知不覺間,其中一方已經走向了另一條路。所以,大家才會漸行漸遠,逐漸形同陌路,彼此間的回憶只能待在記憶的角落。

可是,不管結果如何,我想,我們與這些人初次相逢的時候,在彼此相處的過程中,肯定是善意的,且都希望能與對方有一個美好的結果。不然的話,如果我們一開始就討厭某個人,是不可能與對方深入交流,甚至是進一步發展關係的;只有遇到那些我們喜歡、想要親近的人,才會與他們深交下去。既然這樣的話,私以為,只要彼此曾經有過快樂、美好的時候,即便是將來可能會把那些曾經的美好弄丟,把

Chapter 2　與你共鳴，遇見未知的自己

　　那些簡單卻能讓自己開心一天的東西弄丟，把那些能讓自己恣意哭笑、結伴同行的人弄丟，我們依然不會忘記那些有過的美好時光，不會忘記曾經和對方一起看過的風景，不會忘記與對方一起歡聲笑語過，不會忘記與對方曾經情真意切過。

　　另外，無論我們所遇見的人本身是否美好良善，我們都要感謝自己能遇到的那些人。因為不管是好的邂逅，還是壞的相遇，都能給我們自己帶來不一樣的體驗和成長。如果是好的邂逅，那就是四海之內皆兄弟，酒逢知己千杯少；但如果是不好的相遇，就把這次相遇當成是傳說中的那把達摩克利斯（Damocles）之劍，來提醒我們害人之心不可有，防人之心不可無。也是藉由與這些人的相遇、相知、相交、決裂，我們才能明白人生的世事無常，才能清楚自己的渺小與無可奈何。我們也才能懂得，不論彼此最終仍是相守還是分離，也不管我們遇到的這些人是自己喜歡的還是自己討厭的，亦不論這些人陪伴我們的時間是長是短，我們都應該慶幸自己能夠和對方相遇，在他們身上看到了自己的美好和不足，也不枉彼此相識一場。

> 你討厭的人，說不定就是另一個你

你討厭的人，說不定就是另一個你

　　德國作家赫曼・赫塞（Hermann Hesse）曾在他的著名小說《徬徨少年時》（*Demian*）中說過：「**如果我們討厭一個人，那麼我們恨的是他身體中藏著的某些存在於我們自身的東西。如果是我們自身不存在的東西，是不會使我們輕易動搖的。**」

　　關於這樣的觀點，你認同嗎？我是認同的。

　　我曾經聽過這麼一段對話：「哎，小美，你說某某人怎麼那麼討人厭，她怎麼廢話可以這麼多，整天機關槍似地說個不停，好像別人很愛聽她說話。」

　　「嗯，她的話確實會有點多，但其實聊天是聊一些廢話嘛！」「哎呀，你就是濫好人，覺得誰都好。反正我就是不喜歡她，一看到她就心煩，一聽她說話就討厭。你聽聽剛剛人家說的，什麼『我這義大利手工的包包才幾萬塊』、『我老公又帶我去吃燭光晚餐了』……整天就知道炫耀，就知道誇耀，還以為自己有多厲害。就我說，她那個包包還沒有我上個月在米蘭買的包包貴呢！我都沒特別拿出來說什麼了，她有什麼好炫耀的！」

Chapter 2　與你共鳴，遇見未知的自己

「我說一句真心話，你可以不認同，但聽完可別放在心上。你知道你為什麼那麼討厭她嗎？」

「為什麼？」

「因為你們太像了，所以你才看不慣她！」

「什麼！你在胡說八道吧？我怎麼可能跟她一樣？」

「你想想，你們連被人戳到痛處時的反應都類似。你再仔細想想，你為什麼不喜歡她？如果她不炫耀她的那些名牌包，你還會討厭她嗎？如果她沒有說個不停，讓你完全沒有插話的機會，你還會討厭她嗎？我想就不會了吧？所以我說，你之所以討厭她，是因為你們太像了。」

小美說完這番話，就藉口有事離開了，獨留一開始就抱怨不停的那位同事。那位同事一改先前的喋喋不休，坐在椅子上默默不語，若有所思。

那位同事到最後為什麼不再反駁小美了呢？因為她意識到小美所說是對的。為什麼同事注意不到她「討厭」的那個人的其他方面，只會注意到「名牌包包」「炫耀虛榮」「說個不停」呢？就是因為她在乎這些東西，所以她會特別在意這些事物。而且，因為同事是一個有理智、懂羞恥的人，她的理智也讓她知道自己的這些行為同樣並不招人喜歡，或者說**潛意識中她是討厭這樣的自己的，但是她改變不了，只好以挑剔的眼光去看待別人。**所以，這就是為什麼當她看見一個比

> 你討厭的人，說不定就是另一個你

　　她還要能炫耀、還要得意忘形的人後，她就很反感、討厭這樣的人的原因了，因為她的潛意識覺得那個人就是自己，而她討厭這樣的自己。

　　或許有些人認為上述說法不對，但是這些並不是一家之言，而是都有科學根據的。據心理分析學派的創始人心理學家佛洛伊德研究發現，**人類有 80%的行為與思想都是由潛意識來控制的**。也就是說，喜歡或討厭一個人，並不是沒有緣由的，而是由自己的潛意識來決定。

　　如果我們討厭某個人身上的某些東西，這就表示在潛意識中，我們自己也是有同樣的缺點，但我們平常的時候沒有意識到這些缺點，它們被壓抑在潛意識深處。當我們遇見、看到那些討厭的人後，就會引發出我們潛意識中的這些令人不悅的缺點，導致我們討厭某個人。

　　也有人說了，遇見你討厭的人，你不接觸他就好了，但是有些人為什麼會非常在意那些討厭的人的一舉一動呢？**這大概與《徬徨少年時》中所說的「不能理解惡魔，是當不好上帝的」，有異曲同工之妙。**

　　當初，電視劇《歡樂頌》一播出，有很多話題頻頻上了搜尋排行榜，引發了觀眾的熱烈討論。在《歡樂頌》「五美」中，票選最受人喜歡的角色這項，想必是很難抉擇，但是，如果是這當中哪個角色誰最令人討厭的話，肯定就是邱瑩瑩

Chapter 2　與你共鳴，遇見未知的自己

了。為什麼大家的想法會如此一致呢？就是因為邱瑩瑩這個角色身上有很多人都討厭的東西，而這些東西也是觀眾身上普遍都有的。也就是說，邱瑩瑩身上有很多人的影子。

邱瑩瑩剛畢業，初入社會，不諳世事，一遇到口蜜腹劍的白主管，被他的幾句甜言蜜語攻陷，就沉淪在了愛情中，被騙了還不自知。其實，我們很多人在年輕、單純的時候，也像邱瑩瑩一樣「傻白甜」，很容易就被他人別有用心的「善意」欺騙，從而受傷。很多觀眾在看到這一集時，都會罵邱瑩瑩是個「傻子」，也會為她打抱不平，恨她識人不清，其實，這都是觀眾在為當年那個純真的自己抱不平。

後來，邱瑩瑩認清了白主管的真面目，卻因為朋友們提前看穿了白主管的真面目而沒有告訴她這個原因和朋友生氣、鬧矛盾。看到這裡，想必有很多觀眾都從邱瑩瑩身上，看到了當年那個傻氣的為了愛情而與朋友唇槍舌戰的自己了吧？而且，有很多人都不像邱瑩瑩那樣幸運，可以將自己「趕跑」的友情重新挽回，有些人的朋友就因此而分隔天涯海角。

等到邱瑩瑩失戀又失業，不知所措，對前途一片迷茫的時候，加上她的家庭背景一般，父母也沒辦法給予實際的幫助，邱瑩瑩只能抱著父親買來的一系列成功學書籍來獲得安慰。當觀眾看到邱瑩瑩看著那些勵志書，像打了雞血一樣在

> 你討厭的人，說不定就是另一個你

房間裡為自己「加油」的時候，是否想起了當年那個迷茫的自己？當我們不知道路在何方的時候，當我們意志低沉的時候，是不是也會像邱瑩瑩一樣看那些勵志文章來安慰鼓舞自己？當我們走過那段艱難的歲月，回過頭來看看自己這段「不堪回首的往事」，是不是也會覺得那個時候的自己很傻，很笨？

所以，大家看明白沒，觀眾們為什麼那麼討厭邱瑩瑩？更多的是對她「哀其不幸，怒其不爭」，也是因為自己就是邱瑩瑩！因此，當我們再遇見一個令我們討厭的人，先不要急著討厭他，也不要試圖遠離他，可以先思考一下、觀察一下，自己為什麼討厭他，從而才能更加讓我們了解自己。

Chapter 2　與你共鳴，遇見未知的自己

你喜歡的人，總與你有相似之處

前文提到，我們之所以會討厭一個人，是因為這個人身上有著我們自身就存在且又令自己討厭的點，那麼，如果我們不自覺地喜歡一個人呢？照這樣來看，難道是我們喜歡的人身上沒有我們自身存在的「缺點」，所以我們才會喜歡他們嗎？那是不是說，只要一個人身上沒有我們討厭的那個點，我們就會喜歡他呢？

當然不是！

真要照上面那麼說，我們喜歡的人要麼遍地都是，要麼一個沒有，就太絕對了。其實，仔細想想，我們喜歡一個人，或者說，**我們會對某些人產生好感，也是因為他們和我們有相似的地方**。這就是相似法則在發揮作用。

不過，不是所有相似的人都會互相吸引的，這取決於一個人對於彼此相似性的認可程度。舉個例子，當一位美女去化妝品專櫃買化妝品的時候，她當下在意的肯定是自己的膚質了，所以，如果櫃員跟她說：「小姐，我和你一樣，皮膚都屬於乾燥性肌膚，所以如果妳用這個牌子的保釋補水系列的化妝品會比較適合。」相信這位美女在聽了櫃員的話後，自然會覺得找到了「志同道合」的人，會與其相談甚歡。

> 你喜歡的人，總與你有相似之處

同樣的道理，如果一個人正執著於追求理想和夢想，那麼他會更喜歡那些與他一樣抱有相同理想的人。如果你面對的是這樣的人，你想得到這些人的好感，但是你卻說「我和你是老鄉或同學」等話，就算你真的是他的老鄉或同學，所帶來的好感度也沒有一個與其有著共同理想的人來得強。所以說，我們不會無緣無故地喜歡某個人，而是因為這個人與我們身上有相似的地方，喜歡這個人就相當於是喜歡自己、接納自己。

就像漢朝的太史公──司馬遷，他著了書卻把那些文化瑰寶藏之名山，為的就是讓這些書找到志趣相投之人。所以，縱觀人類的歷史，我們會發現人類的一個天性──**人們總是期望得到熟悉的或相似的東西**。例如，人們都喜歡與熟識的人來往，而不喜歡與陌生人打交道；人們都喜歡已知的東西，卻對未知的新事物充滿恐懼和抗拒。

因為這個天性的原因，很多人都會選擇與他們相似的人結婚。可能也有人會反駁，說自己經常會被與自己相反的人吸引。此話不假，個性相異的人確實會相互吸引，但是，能成為好朋友的，或者說到最後在一起結婚的，還是個性相似的人占了很大比重。這種現象在社會學和生物學上叫做「正向選型交配」（positive assortative mating）。

也正是因為這種現象的支配，人們才會「以貌取人」──你喜歡或有好感度的那個人至少在長相上是符合你的審美

Chapter 2　與你共鳴，遇見未知的自己

的。這也是為什麼大家會看網路好友的照片決定是否見面的原因。只有那個人的長相符合了你的審美，你才會和他有進一步的交流和接觸，你才會更願意與對方探討一些私人問題，諸如對方的生活習慣和宗教信仰等。關於這一點，我鄰居家的女兒向我證實了。

鄰居家的女兒叫薩薩，去年剛上大學。像所有剛到大學的新生一樣，薩薩對一切充滿了好奇，尤其是入住學校宿舍，對她來講是一個全新的經歷。

在見到了將與她共同生活四年的三位室友後，不知為何，薩薩不自覺地就很喜歡其中一個（我們叫她佳佳），她覺得佳佳長相漂亮，氣質也令人很舒服，讓她很想與對方做好朋友。相反地，另一位室友（我們叫她麗麗），薩薩覺得麗麗的長相也算得上漂亮，就是讓她感覺很不舒服。但是薩薩當時也沒有想那麼多，就單純覺得大家都是剛認識的同學，將來還要共同在宿舍生活四年，能玩到一起最好。所以，薩薩還是用理智控制了自己的喜好，用一樣的態度與對待佳佳和麗麗。

結果，一起生活了一段時間後，薩薩就發現——人的直覺還是很準確的！薩薩發現，她與佳佳有著許多共同愛好——愛看書、愛看推理懸疑類的電影和電視劇，並且兩人生活習慣也都比較接近，所以越聊越開心，漸漸成了很好

> 你喜歡的人，總與你有相似之處

的朋友。麗麗呢，卻是一個喜歡看偶像劇的人，喜歡追星，她說的很多明星薩薩都不知道，自然與麗麗就無話可說，在一起聊天經常會很尷尬。所以薩薩與麗麗的關係就像一般室友。

薩薩寒假過年回家，與我聊天時談到了這個話題，我就明白了這是怎麼一回事。薩薩為什麼對佳佳和麗麗有不一樣的感受和感覺呢？就是「正向選型交配」在發揮作用。

每個人與他人相處，都希望得到別人的認可。不因性別、年齡、國籍等不同而有所不同。如果一個人的興趣愛好與他人的一致，那麼他們的步伐就會一致。就像登山，找一個與自己步伐一致的人去登山，會讓整個旅途輕鬆很多。遇到那些登山步伐與我們不一樣的人，我們或許一開始會為他們多停留幾秒，或許會對他們感到新奇，但是到最後，我們還是會按照自己的步伐走，開始不願「接受」他們，也不願「改變」自己來和他們步伐一致。

不過，也有人不認同這個觀點：「我覺得我和我的朋友是完全不同的兩個人啊，你為什麼會說我們是因為相似才成為朋友的呢？」甚至還會有人因為「自己與他人相似」而變得憤怒。為什麼我們會「討厭」自己與別人相似呢？因為我們都主觀認為我們的選擇是具有自主性的，做出的選擇是我們自己的判斷，而非潛意識的判斷。所以，我們不願意相信自己對

Chapter 2　與你共鳴，遇見未知的自己

那些與我們不相似之人毫無吸引力，我們也不喜歡看到自己陷進了與自己的個性一致的泥潭而難以與眾不同。

舉個例子，一個人在一堆人名中，最先看到的字眼一般都是與自己的名字相關的，或者自己熟人的名字相關的。難道是這些字眼本身有什麼特殊意義嗎？不是！僅是因為這些字眼對我們來說很熟悉而已，而這種熟悉讓我們感覺到了安全和舒適。換言之，**相似的感覺會帶來安全感**。

因此，很多人會喜歡自己，相當重要的原因是因為他們了解自己，對自己很熟悉。同樣的道理，當我們遇到一些自己會喜歡的人的時候，這些人通常都是與自己極為相似的人，或者是那些我們想像著可能和我們有某些共同特質的人。正因為有這種「相似感」，我們才能從中感到熟悉和安全。

在別人身上看到自己的閃光點

大家常說:「天上的繁星我們都看得清,自己臉上的煤灰卻看不見。」其實,生活中我們總是這樣,經常會先看見別人的缺點,進而來對照在自己身上,會發現自己也有這樣的缺點。這樣的我們懂得自省,不容易讓人驕傲,當然是很好。可是,對於那些本就不太自信的人,或者說不能正確了解自己的人來說,一味只看別人和自己的缺點,只會讓自己的生活更加痛苦。

承恩也經歷過這麼一段時期。當年,他大考失利,感覺全身好似都失去了力量一樣,不喜歡與人交流,也不再像先前那樣活潑。在這樣的情況下,他去了一個自己不喜歡的大學讀書,並且把自己封閉起來,不與人來往,也不參加社團活動,整天活在自己的世界裡無所事事。

唯一慶幸的是,承恩有幾個很要好的室友。他們的個性爽朗,處事周到,讓敏感的承恩也放下了戒備,和他們相處得很好。慢慢接觸下來,承恩逐漸放鬆了自己,不再那麼緊繃著自己了,也不再關閉心門。

在這幾位室友中,和承恩關係最好的,當屬小聰了。小聰是一個很有活力的人,每天都精神飽滿、活力十足,不是

Chapter 2　與你共鳴，遇見未知的自己

去打球就是去跑步，或者出去找點別的事情做，不肯閒著。小聰就像是一個活寶，帶著承恩去了很多地方遊玩，也為承恩帶來了很多快樂。對此，承恩一直很羨慕小聰，羨慕他的交際能力，羨慕他的活力，羨慕他的純粹與自我。所以，承恩這麼喜歡和小聰一起玩，就是想學習他的優點，讓自己變得更優秀，同時讓自己的個性變得更活潑一點。

不過，隨著交往的加深，承恩慢慢也發現了小聰的缺點。小聰在生活上是一個很懶散的人，他從來不會收拾或打掃宿舍，也不整理自己的床鋪和書桌；小聰是一個很不愛讀書的人，他的知識儲備完全來自於他的閱歷和經驗，而不是書本；小聰也特別自戀，覺得自己是世界上最帥的男子，沒有人能比得過他；他還有點大男人主義，自己決定了要做的事情一定會做到，哪怕過程中撞得頭破血流，也不容別人質疑。

在和小聰相處的過程中，承恩發現自己特別容易「近墨者黑」，卻不容易「近朱者赤」，什麼意思呢？就是說，承恩本來是計劃學習小聰的優點的，卻被小聰帶得越發懶散了，他也慢慢開始不收拾宿舍和床鋪，也慢慢開始逃課了，甚至減少了去圖書館的時間。

直到有一天，承恩和高中好友聊天，好友聊到了他最近看的一本好書，就推薦給了承恩。在聽著好友在網路對面侃

> 在別人身上看到自己的閃光點

侃而談時,承恩都不好意思告訴好友,自己其實已經很久沒有認真看過書了。在和好友聊完天後,承恩就開始反思自己最近的活動,這時,他才發現,原本自己是想學習小聰的優點的,結果反而被帶偏了,學習了他的一些缺點。而且,這麼一比較,承恩才發現,與小聰相比,自己也是有閃光點的。比如說,他喜歡看書,看了很多書;他的收納整理能力很強,一屋子的亂東西很快就能收拾好;他雖然不喜歡說話,但是邏輯推理能力和觀察力都很棒,分析問題時總能直指問題的核心,在追求喜歡的女孩子時,也總是比小聰的想法多⋯⋯

這些發現讓承恩開始意識到自己沒有那麼糟糕,考到一個不如意大學的自己也沒有那麼差勁!慢慢地,承恩也想通了,**這個世界本來就存在許多形形色色的人和各式各樣的事,也正因此,世界才會顯得多姿多彩,而不是單調、唯一。**他自己本來就是這樣個性的人,何必要模仿別人,變成別人呢?如果整個世界的人都像小聰一樣愛玩、愛交際,那麼,還有誰肯靜下心來思考問題,還有誰能做一個聽眾與陪襯呢?

想通了這一點,承恩也不再自怨自艾了,而是調整好自己的心態,重新讓生活回歸到正道上,並且開始為一年半後的研究所考試做準備。付出總是有回報的,承恩在經過了猶

Chapter 2　與你共鳴，遇見未知的自己

如高三般嚴苛的學習後，終於如願以償地考到了自己當年嚮往的學校，成為一名研究生。

其實，我們很多人和承恩一樣，缺乏自信，所以，我們一開始總是能看見別人身上的優點，卻看不見自身的優秀。當看見那些優秀的人時，我們會不自覺地模仿他們、學習他們，恨不得能把他們的優點從他們身上直接拿過來，安裝到自己身上。殊不知，在這個過程中，我們反而迷失了自己。而且，**上坡很難，下坡卻很容易**，我們往往在學習別人的過程中，可能沒有把優點學過來，卻先把缺點全部都學了一遍。

可能有人會說，學習與模仿總是要有一個過程，我們想要學習別人的優點，若用沾染上一些缺點來做代價也不是不可以。要是這樣想，那就是大錯特錯了，我們都以為那些不經意累積下來的壞習慣很小，也沒有什麼大問題，但是積少成多，等量變引起了質變，事情就不會按照我們的想法來了。

當然，我這麼說，並不是想說什麼「做自己」、「走自己的路」之類的話，而是想告訴大家，每個人身上都有優點，別人的優點不是那麼好學，而同樣，你自身的優點也不是那麼容易就被別人學走的。我們看到別人的優點，就想去學習，這是好事，說明我們在進步，想要變得更好。但是，不

> 在別人身上看到自己的閃光點

能盲目學習,也不能因此就全盤否定自己,而無視自己獨特的閃光點。

此外,生活中也不乏另外一類人,他們非常自戀,總是用挑剔的眼光看待整個世界,覺得別人都沒有自己好,所以,他們只能看見別人的缺點,卻看不見別人的優點。當然,他們更是看不清自己的缺點。雖然我們不能自卑,只看見別人的優點,但我們也要杜絕自己變成這樣自負、眼高於頂的人。

Chapter 2　與你共鳴，遇見未知的自己

不「照鏡子」就發現不了自己的美

說起唐太宗李世民，人人讚賞他是一位很有作為的皇帝，文治武功均為後人所津津樂道，頌揚至今。同時，大家也都知道，唐太宗之所以能夠名垂千古，除了他個人的英明外，他手下那些大臣也功不可沒。

在眾多臣子中，有一個人叫魏徵。唐太宗的臣子那麼多，為什麼特別提到這個人呢？因為他對唐太宗而言很特別，是唐太宗的「鏡子」，能夠讓唐太宗看清自己。所以，唐太宗才會在魏徵去世後，悲痛地說道：「夫以銅為鏡，可以正衣冠；以史為鏡，可以知興替；以人為鏡，可以明得失。朕常保此三鏡，以防己過。今魏徵殂逝，遂亡一鏡矣！」

其實，世人都和唐太宗一樣，會透過「他人」這面鏡子去發現自己的不足，但我這次卻要說，我們也可以透過別人，來發現自己的美好。

小曾是一個 16 歲的少年，既不是那種成績優秀的「別人家的孩子」，也不是那些品行不佳的不良少年。不論是在家族中，還是在學校中，小曾更像一個「透明人」，總是躲在不起眼的角落。小曾的爸爸媽媽問過他為什麼不去和堂哥堂姐、

> 不「照鏡子」就發現不了自己的美

表弟表妹們一起玩,小曾也不說。只有小曾自己知道,他太自卑了,不敢和優秀的兄弟姐妹一起玩。

總是一個人獨處的小曾會看很多書,也會在放鬆的時候看一下綜藝節目。一次,小曾無意間看到了一檔名為《變形計》的青少年取向的真人秀節目,讓他大開眼界。小曾看到節目中原本生活在城市中的主角又是喝酒抽菸,又是打架鬧事,還泡酒吧,甚至對自己的父母無理取鬧,他不知道該作何反應,因為他從來不知道,一個人還可以這樣活!

在和那些驕縱無禮、打架鬧事、逃課輟學的青少年相比之下,小曾瞬間覺得自己優秀了很多。一直以來,由於堂哥堂姐、表弟表妹們都很優秀,不僅學業成績名列前茅,外貌也出眾,就連個性都比他乖巧惹人憐愛,所以,小曾一直很自卑,認為自己一無是處。可是,看了《變形計》這個節目,小曾覺得,自己雖然沒有哥哥姐姐們學習成績好,但是他不逃課啊,也有按時完成老師布置的作業;雖然沒有哥哥姐姐們出眾的長相,但是他不染髮、不打耳洞,看起來依然是清清爽爽的一個少年;雖然他沒有弟弟妹妹們嘴巴甜、會討人喜歡,但是他不打架生事,也沒有對長輩大吼大叫……

這樣一看,小曾覺得自己真的是太「優秀」了!於是,他終於鼓起勇氣去問爸爸媽媽:「我是不是你們的驕傲?」

小曾的爸爸媽媽一開始對小曾這樣的問題還很詫異,後

Chapter 2　與你共鳴，遇見未知的自己

來和小曾聊了聊，他們才知道小曾的心理「枷鎖」是什麼，頓時哭笑不得。於是，小曾的爸爸媽媽這樣告訴小曾：

「乖兒子，你不說，我們從來不知道你心裡是這樣想自己的，這是我們做父母的失職。首先，我們要向你道歉，請你原諒我們的『無心之過』，沒有照顧好你的心情。其次，爸爸媽媽一直都覺得你很優秀，是獨一無二的，是我們最愛的寶貝！最後，一個人的優秀與否，不是看他的學業成績好不好，嘴甜不甜，個性乖不乖，這些都是世人對『優秀』貼的標籤。真正的優秀不是鋒芒畢露的，也不是用來和別人一較高低的，重要的是你有沒有在不斷進步！對於我們來說，你健健康康、懂事、有禮貌、任何事都不讓大人操心，而且為人和善，進退有度，這樣的你已經很優秀了。」

小曾這才知道，原來自己不是那麼「沒用」，也沒有那麼不優秀，他只是不像有些人那麼有鋒芒而已。

從那之後，小曾不再像之前一樣自卑了，他終於能夠開懷大笑，與兄弟姐妹們一起玩耍了。試想，如果小曾不曾看過《變形計》這個節目，沒有在其他同儕身上看到自己的優點，他將如何從「自卑」的枷鎖中逃離出來呢？

其實，人都是具有兩面性的，只不過，我們每個人往往只能對自己的一面有片面的了解，但卻不了解自己的另一面：有些人只了解自己「好」的一面，看到自己的努力、上進、善

> 不「照鏡子」就發現不了自己的美

良,卻不知道自己也有狡猾、陰險、不誠實的一面;有些人只看到自己的「壞」的一面,覺得自己不夠漂亮、成績不好、薪水賺得不多,卻不知道自己是一個開朗向上、積極樂觀、與人為善的人。

如果人們不能夠正確地看待自己,像小曾一樣對自己產生偏差的認知,就很容易迷失自己,無法清楚了解真正的自己,也就會活得不輕鬆,也不快樂。那麼,我們如何才能認識自己呢?那就是透過別人來檢視自己的一言一行了。

我們藉由時常「照鏡子」,可以從別人身上看看自己有什麼缺點,好加以改進自身;也看看自己有哪些美好的地方,以便繼續保持。也就是說,照鏡子不僅能讓我們發現自己的缺點,也能讓我們看見自己的美。必要的時候,我們可以稍稍自戀一點,多欣賞一下自己的美麗。

Chapter 2　與你共鳴，遇見未知的自己

趁年輕，總要折騰一下

詩人席慕蓉曾經寫過一首名為〈戲子〉的詩，裡面有一句令無數人動容的詩句：「我只是個戲子，永遠在別人的故事裡，流著自己的淚。」很多人看到這段詩句後感同身受，覺得這就是自己心情和境遇的寫照。我們每一個人，都有自己的故事，也都有自己的觀眾，如此而已。

青梅最近開了一個粉絲專頁「看不見的世界」已經整整15天了，從最開始只是單純想用文字來表達和記錄自己的內心，到現在與朋友一起寫東西，發現寫作真的是一件很棒的事情！

以前一直以為自己過得還行，比起身邊很多人，自己已經遙遙領先，可是和朋友們開始一起寫文章時，看著他們那些透過文字娓娓道來的生活經歷，感覺自己就是不折不扣的井底之蛙。一直守著自己頭頂的那片小天空，一點小挫折就會感覺自己頭頂的半邊天被遮住了，於是變得沮喪，難過，暴躁，不安……

在這15天裡，好友們的每一篇文章，每一段大學經歷都在不斷地告訴我，其實每個人都一樣。

每個人都會遭受命運的不公和遺憾，可是當自己咬咬

> 趁年輕，總要折騰一下

牙，撐過去之後，美好的生活也會迎面而來。那些過往的傷害和遺憾，就像我們身後的那團影子，而美好的生活就像燦爛的陽光，越是燦爛，影子就越明顯。換言之，影子越明顯，不也正說明生活越燦爛嗎？

我們應該慶幸曾經遭遇的不幸讓我們更加堅強，並且學會愛與珍惜。沒有比珍惜眼前人更幸福的事情了。

在經歷了大學中不稱心的生活之後，小墩說：「我只是覺得既然生活是自己選擇的，那我只想努力地把它過好，哪怕是要拚盡了性命我也想試一試，看看自己到底能不能做到。」

妮妮說：「趁年輕，總要闖一下。」

在經歷大落大起之後，寧寧女神說：「無所謂誰更厲害，我只是更幸運一些，我們要做的只是做好自己，直到有一天感動自己，這便足矣。」

或許正如孟子所說，「天將降大任於斯人也，必先苦其心志，勞其筋骨，餓其體膚」，在你遇到更好的生活，更適合自己的方向之前，可能會遇到許多不如意的事情，或許這也是俗話常說的「好事多磨」的緣故吧。

有人和我說過一句話：「有時候最適合你的人生，或者早已出現，只是因為我們的不甘心，偏要走走看看、挑挑選選，選擇開闢另一個不一樣的人生，在這路上，一直以為自

Chapter 2　與你共鳴，遇見未知的自己

己是獨一無二的人，可是兜兜轉轉百轉千迴之後才猛然發現，身邊有那麼多志同道合的人。」

不知道為什麼，之前我們總是羨慕別人的生活，感覺他們的生活遙不可及，不止一次，希望自己的生活也是如此，在自己遭遇不幸或者挫折時又來埋怨命運不公。可是當我們接觸他們之後，才會真正發現，其實他們和我們一樣，過著一樣的生活，他們也會像你羨慕他們一樣羨慕你的生活。

看著他們的故事，就感覺好像有一個人在帶你重新領略大學生活，發現大學的精采之處。之前一直抱怨自己上的大學有多糟糕，有多差勁。現在才明白，原來那時的自己，遇見美好卻又放棄美好，還在抱怨上天的不公，其實都不過是不成熟罷了。相比好友們經歷的種種，我遭遇的那些都顯得格外渺小。

在漫長煎熬的黑夜裡有一顆星，陪你到黎明。在你迷茫，手足無措時，總會有那麼一群人，透過他們的故事，慢慢地鼓勵你，改變你。親愛的朋友們，你們一定不知道，你們就是這樣一顆星，你們的故事讓我看到了自己。

感謝，讓我在最美好的時光遇到了你們。

讓我還有時間去等待和珍惜那些我想遇見和已經遇見的美好。讓我還有機會做一個幸福的人，用對待人生最後一天的態度，對待身邊的人和事。

趁年輕,總要折騰一下

努力成為最好的自己,用來遇見那個還在路上,努力成為更好自己的你。

Chapter 2　與你共鳴，遇見未知的自己

Chapter 3
化身戲子，在別人的故事裡流淚

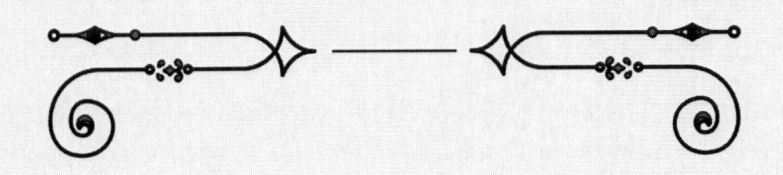

Chapter 3　化身戲子，在別人的故事裡流淚

人生就是舞臺，
每個人都在出演沒有指令碼的戲劇

　　莎士比亞說過：「人生本身就是一個舞臺，而我們每個人都會在一個屬於自己的舞臺上，出演一部沒有劇本的戲劇。」在這部戲劇中，我們每個人可能都會扮演著不同的角色，可能是父母、兒女，也可能是政客、老師。在世界這個大舞臺上，有些人是演配角的，而有些人演的是主角。當然了，沒有任何一個人一輩子都是主角，他們可能會在自己謝幕的時候，走到後臺去喝喝茶，和別人聊聊天，或者是檢討一下自己的演出。等到他們該出場的時候，他們就又回到舞臺上。但是，我覺得，不論我們在臺上還是幕後，我們的最終目的都是為了演好人生這場戲。

　　曾經，我因為個人愛好的原因，對近代中國的四大名旦進行了一些研究和分析。說實話，在深入了解他們之前，我只對梅蘭芳稍微熟悉一點，而這種熟悉還是透過電影《梅蘭芳》了解的。後來，我分別看了看這四個人的傳記，這才從戲裡戲外了解了一下他們的「戲子」人生，也有點明白了「戲如人生」這四個字的意思。

　　在那樣一個社會混亂的時代中，身為戲子的他們比普通

> 人生就是舞臺，每個人都在出演沒有指令碼的戲劇

人的生活還要艱難。在他們還沒有成名的時候，他們被人呼來喝去、負責端茶倒水，像流浪狗一樣需要仰仗別人而生活，需要小心翼翼地看人臉色。等到他們成了一個「角兒」時，他們才稍微自由了一些。但這也只是「稍微」而已，「戲子」這個下九流的身分，讓他們總是小心翼翼的，擔心被人捨棄、擔心被眾人遺忘。

在看書的時候，我身為一個局外人，自然是無法完整體會他們的心情，不過，可以想見，他們在臺上需要覆滿整臉的油彩，穿著華衣貴服，需要盡心盡力地去扮演自己的角色。在這個過程中，不論他們的心情如何，他們都需要將自己沉浸在別人的故事中。即使心已經麻木，他們的表情也得生動，該哭就哭，說笑就笑。他們但凡自我一點，在不該笑的地方笑了，或者沒有表演好自己的角色，那麼就很容易被大家噓聲請下臺。等到卸下裝扮，他們才可以做回自己。但礙於戲子的身分，真實的他們也有身不由己的時候。

這讓我想起了《霸王別姬》中的程蝶衣，他的一生有過多重身分的轉化。

在一開始，程蝶衣還不是程蝶衣，而是小豆子，是一個娼妓的兒子。為了讓兒子有一個相對而言比較好的生活，小豆子的母親將他送到了比妓院高一級的戲團隊中，甚至因此狠心切斷了他的第六指，從而小豆子順利成了一名學徒，成了師哥小石頭的師弟。但是，娼妓和戲子都是下九流，而小

Chapter 3　化身戲子，在別人的故事裡流淚

豆子為了這一身分的變化，離開了自己的母親，失去了一根手指。

後來，成名後，小豆子就成了程蝶衣，成了被眾人追捧的角。

當他正紅的時候，走到哪裡人家都稱他為「程老闆」，他可以任意購買各種名貴的東西，更別提小時候讓他垂涎三尺的糖葫蘆了。到戲臺上，程蝶衣的身分也可以有各種變化，他可以是為霸王而死的虞姬，也可以是為唐明皇而生的楊玉環。當程蝶衣愛著段小樓的時候，他又是那個計較一分一秒長短的失意人。可以說，在程蝶衣的一生中，他不僅是個戲子，也是一個活生生的人，有著多重身分，也有著屬於自己的愛恨情仇；既唱著歷史人物的戲，也演繹著自己的故事。

我們再看戲外，程蝶衣這個角色是由演員張國榮演繹的。他真的是把這個角色演活了，一顰一笑皆是程蝶衣，而且是各個時期、不同階段的程蝶衣。但是，在戲外，張國榮不僅是一個演技出色的演員，還是一個唱作俱佳的深情歌手。同時，他也是父母的好兒子、朋友心中的好友、愛人眼中的好情人、會盡心提攜後輩的前輩。說來也巧，張國榮和戲中的程蝶衣一樣，最後都以自殺這種方式來終結自己的一生。

看到這裡，也無怪乎人們都說人生如戲了。其實，我們

> 人生就是舞臺，每個人都在出演沒有指令碼的戲劇

何嘗不是如此呢？我們何嘗不在盡心盡力地扮演著屬於自己的角色呢？在工作中，我們是一個勤奮的員工，可以穿上西裝和客戶談笑風生；回家後，我們是父母的兒子、妻子的丈夫，可以在脫下西服後就立刻炒出幾個拿手小菜；在朋友面前，我們是知己，為了排解朋友的鬱悶，可以陪他們喝酒陪他們瘋……

在這幾個角色中，我們都盡量把每個不同的角色分割開來，以免某個角色會影響到另一個角色的生活。但是，大家別忘了，我們還有一個最重要的角色，那就是「自我」！就算全世界忘了我們的存在，我們還是要記住自己，每天給自己一點時間，讓自己認清自己，明白自己的價值。如此一來，我們才可以在別人的故事中哭泣歡笑，才可以在自己的人生中嬉笑怒罵。

Chapter 3　化身戲子，在別人的故事裡流淚

無路可走，也無須開啟只是照貓畫虎之路

在生活中，我們經常會聽到類似的對話：「哎呀，這個怎麼這麼難啊！我不會弄，怎麼辦？」、「你可以照著那個某某某的範本學習一下，慢慢你就會了。」或者是，「我不想朝九晚五的上班，想做點小生意，你說我去做點什麼好？」

「我看賣⋯⋯的就很賺錢，你要不要也去做這個，跟著這一波商機試一試？」這樣的對話還有很多，有不少人可能就遇到過，或者就發生在自己的身上。為什麼很多人會模仿別人呢？就是因為他們不知道怎麼辦，感覺前路茫茫，甚至看不見前路。**當大家無路可走的時候，就開啟了如法炮製之路，總想著能夠找到一個成功的模板，讓自己去模仿、去學**習，好讓自己的生活能夠變得簡單一點。

確實，當自己不知道該怎麼辦的時候，參考前人的經驗和教訓，真的有可能為自己開闢出一條路來，這大概也是「前人栽樹，後人乘涼」的意義所在。不過，我們要注意了，在「參考前人」時，一定要小心。什麼意思呢？就是說，在尋找這個「範本」的過程中，我們可不能隨意，而是要經過精心挑選。比如說，要看對方跟自己的個性是不是相似，還要知

> 無路可走，也無須開啟只是照貓畫虎之路

道人家過的生活是不是自己想要的，甚至要明白自己走這條路是不是容易成功，等等。

當這些問題確定後，再開始模仿著別人的方式去生活，這樣的成功機率也會更高。然而，很多人模仿著，就發現了其中的痛苦之處——活著更鬱結了。這是什麼意思呢？可能有很多人體會過這種痛苦，卻說不出具體的感受。那我們可以拿買衣服來舉個例子。

大志是一個追求時尚的人，每一個季度都以穿上各大品牌的潮流新品而自豪。關鍵是，每次穿上新裝，他逢人總要問：「好看嗎？」

其實好看不好看，大志心裡難道沒有答案嗎？沒錯，大志每次都是穿的新品；沒錯，這些新品個個拎出來都非常好看；沒錯，這些衣服穿在大志身上看起來也很合身。但是，不知道怎麼回事，大志每次穿衣服總會給人一種異樣違和感，感覺像是偷穿了別人的衣服，與他的氣質一點都不相符。

後來有人實在是忍不了了，就問大志：「你的搭配和穿著到底是從哪裡學來的？」

大志聽後就自豪地說：「我是在學習那個韓國男子團體的穿法呀！你看他們，所有人都穿得非常好看，每次看到他們穿什麼，我就選擇其中適合我身材的買下來穿。」

啊！聽到這裡，很多人對大志的怪異搭配恍然大悟！大

Chapter 3　化身戲子，在別人的故事裡流淚

志在模仿這些男團的時候，就沒有想過自己是否適合這種類型的衣服，也沒有想過自己的身材和髮型是否與之相配，他只是簡單地把這些衣服套在自己身上而已。

看完大志的故事，我突然想到，其實在我們生活中有很多像大志一樣的人，他們總是在模仿別人，不管別人的方法、經驗是不是適合自己，他們拿來就往自己身上套，想要投機取巧，事半功倍。但最後的結果卻不盡如人意。

我們再看看生活中，但凡能夠做出一些成績或有一番成就的人，大都不是在照本宣科，也沒有趨炎附勢，而是懂得發揮自己的特點和自主能動性，去發明和創造。也只有當一個人不再模仿別人，而是完全在發揮自己的才能後，他們才會有獨一無二的成就。就好比市面上一出場就別被人哄搶一空的蘋果手機，因為有自己的特色，深受大家喜歡。因此，就算市場上出現了外觀與蘋果手機相似的手機，消費者也不買帳。而這些山寨手機儘管做了很多地方的改動，也掩飾不了它在模仿蘋果手機的痕跡。

世界上沒有兩片相同的葉子，當我們只有模仿別人卻不創新的想法的時候，其實已經注定了要失敗。因為這條道路適合別人，未必就適合你。因此，**你只有找到你自己，這個世界才會找到你。**

只可惜，現實是殘酷的，適合自己的路通常不會自己出

> 無路可走，也無須開啟只是照貓畫虎之路

現，需要我們去尋找。然而，很多人往往都不願意花時間去尋找自己的路，因為他們覺得這樣會比較麻煩。所以你會看到大部分人都在按照相同的模式去生活也就不足為奇了。

當然了，也許在很多人眼裡，模仿別人也是一種路徑，也會成功。但是，這種成功的機率很小，沒有大家想像的那麼容易。

再說了，有時候別人很容易就做成的一件事情，模仿者卻需要花費十倍的時間、精力和努力去做，才有可能成功。為什麼別人的原創那麼容易，模仿者的抄襲反倒難了呢？就是因為那些人是在按照自己的天性生活，他們只是順應了自己的天性而已，而有些模仿者則是在逆天而行，自然不那麼容易成功了。

事實上，每個人有自己獨有的特色，只不過有些人發現了自己的特色，有些人還沒有發現。與其花費時間和精力去模仿別人，還不如去尋找自己的特色。只要我們找到了這些的特色，知道了自己適合做什麼，再付諸努力和汗水，如果再加上有幸運加持，那麼，我們就一定會開闢出一條自己的路。

Chapter 3　化身戲子，在別人的故事裡流淚

如果我也像別人一樣生活

在非洲的地中海沿岸，生活著一群非常有意思的毛毛蟲。它們有意思在哪裡呢？這種松異舟蛾的幼蟲從卵裡面孵化之後，就開始了「有秩序」的群體生活——經常是成百隻的毛毛蟲聚集在一起，由一隻毛毛蟲負責帶隊，其他的毛毛蟲則有規律地排在前面蟲子的屁股後面。所以，這些奇怪的毛毛蟲又有「佇列毛毛蟲」的稱號。

雖然毛毛蟲們排著隊，看起來有規律、有秩序，但是，如果它們的領頭蟲沒有正確的方向，那麼，它後面跟著的那百多號蟲子也是在做無用功而已！你不相信？著名的昆蟲學家法布爾（Jean-Henri Fabre）曾經就用這種毛毛蟲做了類似的實驗，他想辦法誘使毛毛蟲的領袖走上一個花盆的邊緣，於是，整隊的毛毛蟲都在沿著花盆的邊緣前進，走了一天又一天。直到一個星期後，一隻毛毛蟲意外地跌落花盆外，這才帶領著整隊毛毛蟲開闢了新的路徑。

毛毛蟲的排隊行為，當然有一定的意義，但固執、愚昧至此，除了用「盲從」再也找不到更好的詞來形容它們了。

其實，不止毛毛蟲會盲從，**我們生活中的很多人都會盲從，盲目地跟隨別人的步伐，完全像別人一樣生活**。他們就

> 如果我也像別人一樣生活

像喜劇舞臺上的一個名為「鏡子裡的人」的節目那樣，有兩個人在進行一模一樣的表演，好像是在照鏡子，事實上是其中一個人在模仿對方。不過這種節目是喜劇的一種表演形式，是為了舞臺效果，是為了逗觀眾哈哈大笑！然而，如果在現實生活中，我們還像鏡子裡的人一樣去模仿別人的話，那就會讓我們淪為別人的笑柄，也會讓我們一事無成。

要想有所作為，就不要一直像別人一樣生活，而是要做到與眾不同，才能獨領風騷。就像愛因斯坦，他之所以成為一個偉大的科學家，就是因為他不肯像別人一樣。

愛因斯坦在剛進入大學讀書的時候，他的導師是數學家赫爾曼・閔考斯基（Hermann Minkowski）。因為愛因斯坦肯動腦、愛思考，所以閔考斯基非常喜歡他，經常邀請愛因斯坦來辦公室和自己聊天。兩個人經常在一起探討科學、哲學和人生的話題，聊起來非常興奮。

有一次，聊到興處，愛因斯坦突發奇想地問了閔考斯基一個問題：「導師，你說一個人要怎麼樣才能在世界中留下自己的名字呢？比如說我，應該怎麼做，才能在科學領域，或者我自己的人生道路上留下自己的足跡呢？」

閔考斯基在聽到愛因斯坦的發問後，直接愣住了！因為他也從來沒有思考過這個問題。於是，閔考斯基就讓愛因斯坦回去了，他自己再思考答案。幾天後，閔考斯基興沖沖地

Chapter 3　化身戲子，在別人的故事裡流淚

找到愛因斯坦，說自己關於他那天的提問，已經有了答案。說完，閔考斯基就拉起愛因斯坦，帶著他走到了一處建築工地。

在工地上，有一條剛剛鋪滿水泥的小路。不顧工人們的喝斥，閔考斯基直接帶著愛因斯坦走上了那條路。愛因斯坦被弄得一頭霧水，非常不解地問道：「老師，你這是在做什麼？你沒聽到工人們的斥罵聲嗎？你這是在領我誤入歧途嗎？」

「對！我就是在帶著你走入歧途！」閔考斯基聽了愛因斯坦的問話，非常專注地說道，「你看，也只有這樣的歧途，我們才能在上面留下足跡！」

等他們賠償工人們的損失後，閔考斯基才向愛因斯坦解釋了他剛才說的話。原來，閔考斯基認為，**一個人只有在一個全新的、尚未成熟的領域，走在別人不曾走過的路上，才能留下深深的腳印**。如果我們都走在別人走過的路上，追隨著無數人的步伐和腳印，那麼，除非我們是一個巨人，擁有別人無法企及的才能，否則我們是不會留下任何腳印的。

聽完了老師的話，愛因斯坦若有所悟。從這之後，他就有了一種非常強烈的創新意識和開拓精神，開始不斷地在新的領域探索。愛因斯坦曾不止一次地告訴別人：「我們的腦袋不需要記憶和思考詞典和手冊裡的東西，而需要記住的是那

> 如果我也像別人一樣生活

些還沒有載入書本的東西。」

如果閔考斯基沒有為愛因斯坦上那麼一節課,他也許不會有這麼強烈的開拓精神,那麼,人類歷史上也許不會有一個名叫「愛因斯坦」的偉大的科學家了。所以說,那些偉大人物的出現絕不是透過模仿出世的,他們也從不走別人走過的老路子,而是懂得開拓。

其實,歷史和現實均告訴我們,只是模仿別人、走別人的老路只會失敗。比如說同治位新,清政府想要學習西方技術來搞企業,卻沒有實現國富民強的目的;戊戌變法中,戊戌六君子學習日本進行改革,卻被頑固派阻撓鎮壓,還因此革掉了自己的性命;孫中山帶領的辛亥革命,想要學習歐美,但勝利果實被竊取,也是以失敗告終。

對於此,我不得不拿賈拉爾-阿德丁·魯米的一句詩來問問大家:「你生而有翼,為何竟願一生匍匐前進,形如螻蟻。」

為什麼有些人會模仿別人,像別人一樣生活呢?可能是他們把生活想得過於複雜了,也可能是因為他們高'混了生活的重心。其實,生活沒有大家想的那麼複雜,它可以是多種多樣的,也可以是天馬行空的,還可以是具體細緻的。對於我們而言,日常閒聊、吃喝拉撒就是生活,擠在充滿汗臭味的公車上也是生活,一個人去電影院看電影還是生活。既

Chapter 3　化身戲子，在別人的故事裡流淚

然生活的花樣如此繁多，我們為什麼非要和別人一樣呢？所以為什麼非要模仿別人的生活而生活呢？

記住，生活並不是為了讓我們成為像誰一樣的人，而是要我們成為心底那個令自己實實在在喜歡的人。

盲目模仿，會活得不像樣

人的品德有好有壞，人的能力有高有低，通常情況下，那些能力低的人、有缺點的人，會向那些優秀的人學習，不斷地提升自我和自我完善，以此來縮短自己與他人之間的差距。但是在學習的過程中，有些人可能誤入了歧途，只想著模仿別人，卻沒有去想那些方法是否適合自己，最終卻適得其反。

說到這裡，我想起了「邯鄲學步」這個故事。在戰國時期，有一個國家叫趙國，趙國的都城是邯鄲，這裡的人走起路來姿態優雅，十分好看。有個燕國的少年曾看見一個邯鄲人走路，十分喜歡，於是就千里迢迢來到邯鄲，打算學習邯鄲人走路的姿勢。

走在大街上，燕國少年發現每一個邯鄲人走路的姿勢都不太一樣，但是又都一樣優雅，他也不知道該學哪種比較好。所以，他就見一個學一個。到最後，他不僅沒有學會邯鄲人優雅的走路姿勢，反而連自己原本走路的樣子也忘了。沒辦法，這名燕國少年只能爬著回老家去。

有很多人可能會覺得這個成語故事過於誇張了，也覺得這名燕國少年過於可笑。因為大家都覺得人從來就是會走路

Chapter 3　化身戲子，在別人的故事裡流淚

的，怎麼可能會忘記自己原本走路的樣子呢？這個燕國少年，他自身在走路上是沒有問題的，但是他看見邯鄲人走路都很好看，於是就想變得和他們一樣好看，於是就模仿他們的走路方式。但是，因為在學習的過程中，也許是燕國少年的學習不得要領，也許是這種走路姿勢不適合他自身的條件，也許是他沒能堅持下去半途而廢了，總之，燕國少年不僅沒能學會別人優雅的走路姿勢，還忘記了自己原本的走路姿勢，徒惹了許多笑話。這裡其實是想說，盲目學習他人的經驗和方法，是很容易失敗的。

我們的人生就像走路一樣，每個人有自己要走的人生路，也有不一樣的生活方式。如果不想著過好自己的人生，而是像這個燕國少年一樣，只想去模仿別人，那麼，我們會和燕國少年的下場一樣，永遠在人生路上匍匐前行。

我們何必要和別人一樣呢？何必因為羨慕別人的生活而刻意地去模仿別人呢？要知道，我們本身的生活就是十分獨特和美好的。可能有人會說我站著說話不腰疼，但是說真的，我們可以看看古今中外的那些名人。但凡是有成就的人，哪個不是個性鮮明的呢？比如說在消極中求進取的老子，因書法而聞名天下的王羲之，不斷試驗不斷失敗的愛迪生。他們一個個都堅持了自我，才有了成功。像王羲之在成為「書聖」之前，也在不斷地模仿別人的書寫手法，不斷臨摹別人的帖子。小時候的王羲之為了能夠臨摹一位書法大家

> 盲目模仿，會活得不像樣

的帖子，還曾偷偷潛入父親的書房，將父親的珍藏書帖拿來臨摹。等到王羲之臨摹到了一定的程度，他的基礎打得很好了，他終於能夠超越前人，創造出了屬於自己的寫字風格。而這些，都是王羲之經過數十年如一日的練習後才成功的。

所以，我們一定要堅持自己的特色，不要一味模仿別人，以為學會了皮毛就能成功。要知道，菊花和玫瑰本就不同，淡雅的菊花從不會羨慕玫瑰的芬芳；雄鷹和候鳥的生活習性也不一樣，雄鷹也從來不會像候鳥一樣南遷飛行；丘陵雖然沒有高山那麼高大，但它也有屬於自己的秀麗。既然世界萬物都不一樣，我們又何必要求自己與別人一樣呢？

當然，有很多人就像燕國少年一樣，因為看到了別人的美好，就想要變得和別人一樣美好，所以他們就會學習別人。也有一些人是因為遇到了一些巨大的挫折或是難以承受的失敗，導致自己的情緒低落，陷入了悲傷的沼澤難以自拔，也看不到人生的方向和出路在哪裡，所以，他們才會「病急亂投醫」，抓緊黑暗世界中出現的那一絲光亮，想要拯救自己。

但是，不管是想要變得更加優秀的「燕國少年」，還是陷入黑暗的「羔羊」，我們在模仿別人的時候，都應該好好思考這條模仿之路是否適合自己。因為我們要記得一點，那就是**我們的模仿是為了讓自己更好、更快樂，而不是為了模仿而模仿。**

Chapter 3　化身戲子，在別人的故事裡流淚

　　就算我們要模仿別人，也應該是有目的、有方法地去模仿和學習。如此一來，我們才能吸收到別人的長處，為自己所用。如果只是盲目隨意跟隨別人的步伐，像燕國少年一樣盲目學習，卻不考慮自身的實際情況，那麼，這不僅不能讓我們得到提升，甚至會讓我們誤入迷途，讓自己更加痛苦。

　　所以，如果「邯鄲學步」曾經讓你失去了自我，讓你在張望中忘記了理性，讓你陷入了迷魂陣中，你一定要及時懸崖勒馬，用切合實際的夢想為自己確立人生的目標，勾勒屬於自己的人生軌跡，堅持做自己，讓自己更美好。

以為自己是西施，不想卻是東施效顰

以為自己是西施，不想卻是東施效顰

　　大家應該都聽說過「東施效顰」的故事吧？

　　西施是中國的「四大美女」之一。很多人都能看見西施的美，卻不知道她的心臟有問題，經常會無故疼痛。有一次，西施的心口又開始疼痛，她很難受，就用手捂著心口在村子裡面走動。其他人並不知道西施正在飽受病痛的折磨，反而覺得西施手捂胸口、眉頭微蹙的樣子更加楚楚動人了，就情不自禁地跟在她的身後欣賞她的美。這時，村東口的東施看見了，便模仿西施的樣子，也捂著心口走路。東施本就長得醜陋，結果，這一下子更是讓自己的醜態畢現，遠比自己之前還要醜，嚇得村民們紛紛關門回家了。

　　其實，東施雖然醜，但她這次之所以嚇到村民們，並不是因為她自身的醜陋長相，而是因為她在模仿西施。**物有差別，人有美醜，這是自然世界的規律，也正是構成大千世界豐富多彩的原因所在**。然而，人有愛美之心，都想讓自己變得更加美好，於是就會不自覺地模仿比自己更加美好的人和事，這也無可厚非，本來模仿就是人類天生就會的技能。但是，我們在模仿一個人之前，還得看自己是否適合這種模仿，不然不僅會喪失了自我，還會讓自己像東施一樣顯得惺

Chapter 3　化身戲子，在別人的故事裡流淚

惺作態、矯揉造作，既難看也難堪。

有這麼一個寓言故事，說有一頭驢子費盡了心機，花費了很長時間終於爬上了屋頂。人們看到一頭驢爬上了屋頂，都覺得很驚訝，於是放下手上的工作都跑來圍觀。在人們的圍觀讚嘆中，這頭驢子覺得很得意，於是牠手舞足蹈地跳起舞來。結果，因為牠的平衡感和靈活度不好，驢子不小心摔了下來，還把屋頂的瓦片全踩碎了。

等到驢子的主人回來後，看到受傷的驢子和破碎的屋頂，就問別人是怎麼回事。當驢子的主人知道事情的來龍去脈後，直接用一根粗粗的棍子狠狠地打了牠一頓。驢子非常委屈，就對著主人哭訴道：「你為什麼打我？昨天，我看見猴子也是這樣在屋頂上跳的，你那麼高興，還表揚了牠。我這樣做，你為什麼要打我呢？」

驢子主人聽到後，氣急大罵：「你這個蠢貨！你不是猴子，而是一頭驢子，爬什麼屋頂，跳什麼舞！」

驢子之所以捱打，就是因為牠不顧自身條件的限制而模仿了猴子。雖然驢子和猴子都惹人發笑了，但是猴子帶給人的是快樂的笑，是牠自身的本領讓眾人發笑的，而驢子則是徹底淪為了一個笑話。所以說，一味模仿別人大可不必。因為每個人的個性、際遇都不一樣，如果我們看到別人成功了，就去模仿他，覺得自己也會成功，但是，前提是至少也

> 以為自己是西施，不想卻是東施效顰

要看這條模仿之路是否適合自己。

就像當年的鳳姐和芙蓉姐姐，她們兩個都是因為「醜」而在網路上爆紅，成了最早的「網紅一代」。這兩人雖然都是憑藉「審醜」而出名，但是她們各有特色，也知道自己想要什麼，發展道路也不一樣。

鳳姐是以「9歲起博覽群書，20歲達到巔峰，智商前300年和後300年無人能及」等驚人言論走紅網路，接著又是自曝要與經紀公司簽約，又說自己要趕超女藝人鞏俐，又說自己不把另一女藝人范冰冰放在眼裡的，或是用驚人做派氣走同來錄製節目的人員……就這樣，鳳姐紅了。紅了的鳳姐找機會去了美國，並揚言「出國就沒打算回去」。在美國的鳳姐也並沒有大眾想像的那麼「悠閒」，她做過美甲師助理，也曾在哥倫比亞大學門口當眾分發過徵婚啟事。但不管怎樣，鳳姐不懼大眾的嘲諷，始終堅持做著自己。

芙蓉姐姐是因為在網路上釋出了自己的一些寫實照片而走紅網路。當時，她在清華、北大的電子布告欄上發表了一些很獨特的照片，並配上特別的文字，引起了諸多學子的關注，最後將這場風波蔓延到其他社群媒體中，成為紅極一時的「嘔像」。紅了的芙蓉姐姐演過戲，唱過歌，做過主持人，也一度瘦身成功，擁有比天后李玟更凹凸有致的身材。現如今的芙蓉姐姐退居幕後，據說已經成為一家公司的總經理，

Chapter 3　化身戲子，在別人的故事裡流淚

默默過好自己的日子。

就是說，芙蓉姐姐和鳳姐就算醜，那也醜得有特色。再看現在的很多網紅，全都長著一張「蛇精臉」，化著一樣的妝容，如果不仔細看的話，恐怕連她們的至親也分不出來誰是誰。有些網紅也沒有什麼專長和特色，說不出什麼如珠妙語，也唱不出什麼動聽的歌，更沒有什麼演技。如果把這些網紅並排放在一起，不讓她們說話，大家或許還會以為這是一個模特兒展呢。關鍵的是，有些網紅還特別驕傲，覺得自己堪比西施，貌賽貂蟬，殊不知卻是東施效顰，惹人發笑。

老天創造的人各有不同，這才是這個世界的美妙之處。如果整個世界的事物都是一般模樣，那麼人間還有什麼樂趣可言？可悲的是，現在的社會由於發展過快，導致很多人都迷失了自我，在盲目崇拜，簡單模仿的潮流下，出現了一大批的「東施」。所謂「天生我才必有用」、「遠近高低各不同」，**人應該保持自我，千萬不要東施效顰，以免貽笑大方。**

如果我們真覺得某個人特別優秀，想要變得像他一樣優秀的話，我們可以向他學習，可以模仿他，但是我們在借鑑他們的優點之時，也要注意保持一顆平常心，而不是盲目地學習，照本宣科，變得跟東施一樣。

人人都用淘寶，但馬雲只有一個

企業家馬雲建立了阿里巴巴集團，現如今旗下的網路購物平臺和電子支付工具可謂是紅透了半邊天，甚至紅到了世界。

很多人看著馬雲的生意越做越紅火，於是羨慕、眼紅、忌妒……這些人心想：「要我模仿馬雲也做一個網路購物平臺，不也能賺這麼多錢？」但是，這麼多年過去了，平臺上的商家越來越多，每天用這個平臺購物的人也越來越多，但是世界上還是只有一個馬雲。這是為什麼呢？因為馬雲是勇於第一個吃螃蟹的人，因為馬雲與你的初衷不同，也承受了你想像不到的壓力和困難！

我們可以去查查馬雲的生活，看看他的行程是怎樣安排的，就能知道他為什麼能成功，而你卻不能。馬雲可以在兩三天之內，從南到北，再到國外，又從國外回到國內……可謂馬不停蹄地在奔波。而且，他雖然是一個企業家，卻參加各種演講，後來又投資電影，現在自己還參與電影演出。也就是說，他的人生之路在不停地開拓，從沒有停止過。

為什麼他會有這麼大的成就呢？為什麼他會涉獵這麼廣的範圍呢？為什麼他能成為眾人千呼萬喚的「金主」呢？一些

Chapter 3　化身戲子，在別人的故事裡流淚

人肯定會酸溜溜地說，「還不是因為他有錢」。確實如此，因為馬雲有錢。但是，馬雲可以這麼有錢，是因為他的目標和其他人從一開始就不一樣。

很多人想要模仿馬雲，學他開立網路購物平臺賺錢，殊不知馬雲在一開始就說了：「我做這個原本不是為了賣東西，而是為了數據。」看看！這就是馬雲之所以為馬雲的原因。

其實，馬雲在眾多場合都強調過：「**淘寶是要幫助別人，成就他人。而掌握數據，就是掌握需求。**」所以，他名下的阿里巴巴並不是一個買賣東西的市場，而是一家數據公司，初衷是為了掌握所有零售的數據和製造業的數據。

不論我們怎麼說，當我們了解馬雲的背景後，都不能否認，做數據才是他一開始做網路購物平臺的想法，而且他也做到了，現在還在朝著更大的目標前進。

馬雲之所以弄這些，是因為他認為電腦會比一個人本身更了解他自己，所以他想要透過電腦和這些數據來了解人。一直到現在，馬雲還在繼續做數據、了解新科技，想要透過新科技來對未來做一個預測。為了這個目標，馬雲在不停地努力著、奮鬥著。在這個過程中，他收穫到了其他東西──金錢。

就是因為人與人之間的思維不一樣，馬雲一開始做網路購物平臺的思維出發點和那些模仿者都不一樣，所以他能成

> 人人都用淘寶，但馬雲只有一個

功，而有些人卻慘澹收場了。就像電影《1942》裡面藝人張國立飾演的那個地主一樣，他就算在逃荒的路上，依然能坦然地對家裡的長工說出那樣的話——「等到了陝西，站穩了腳，就好辦了。我知道怎麼從一個窮人變成財主，給我十年，我依舊還能是東家」。張國立（地主）敢這麼說絕不是大放厥詞，因為他曾經是一個地主，他有做財主的這個思維和格局在，再加上他曾經走過這條路，所以他知道怎麼成功。

當然，光有思維還不行，還要有行動力。像很多人，知道了這些富人的思維模式是什麼，卻還是無法成為一名富人，就是因為他們沒有行動。生活中總是有很多人在抱怨這個，抱怨那個，覺得好的賺錢機會都被別人搶先奪去了，覺得如果自己能回到那個時候，可能就會非比尋常了。其實，要我說，這些人就算真的回到那個時候，還會是一無所有，就是因為成功不是說說那麼簡單，而是需要實踐，要勇於去做！

說到這裡，讓我想起了馬雲說過的一句話，非常有名——**晚上想想千條路，早上醒來走原路**。這句話說的就是人們的這個心理和現象。我們可以看看身邊的人，但凡有點錢的富人，都是魄力十足的行動派，看準了什麼事情就不會瞻前顧後，而是毫不猶豫地投入進去；而那些被貧窮限制的人，多是光知道大道理，卻不去執行的人，他們每天都在空想，不論時間過去多久都在原地踏步。

Chapter 3　化身戲子，在別人的故事裡流淚

　　所以，我們不能只模仿別人，也不要只會看別人的故事卻流著自己的淚，更不要想著能夠在別人的故事裡看到自己的前路，而是要學會轉變自己的思維模式，學會了解別人成功的思維模式和經驗，並試圖去做、去創新、去努力，這才能夠成功！

在你的故事裡流我的眼淚

　　人類真是奇怪，看電影會流淚，聽歌曲也會哭泣，甚至流淚和哭泣都是在我們無意識的時候，自然而然發生的。

　　為什麼人類這麼容易在別人的故事中流淚呢？或許是因為別人的故事能夠讓有著類似經歷的人產生共鳴，能夠讓他們在戲中看到自己，能夠引發他們的真情實感。所以說「**電影人生**」，**無非就是在藉著電影講述人們自己的故事**。

　　最近，讓我感觸頗深的電影，就是《岡仁波齊》了。這部電影上映後，我是一個人去電影院看的。

　　在看電影之前，我只知道這是一部講述「朝聖」的電影，全都是素人出演。等我看完電影後，雖然沒有感受到多麼曲折的情節，我也不怎麼記得全他們的名字，但是他們的樣子卻很清晰地留在了我的腦海裡。

　　電影《岡仁波齊》中，去朝聖的人共有 11 個，他們中有以殺牛為生的屠夫，有愛好唸經的老人，也有認為自己過得很不幸的中年男子，甚至還有孕婦和小孩⋯⋯

　　印象最為深刻的，就是那名孕婦了。當她踏上朝聖之路時，已經有好幾個月的身孕了。但是還是和其他人一樣，走

Chapter 3 化身戲子，在別人的故事裡流淚

幾步就磕一個頭，一直沒有停歇。而其他人也沒有覺得她是孕婦就過多關注她，依然把她當成一個普通女人來看待。

走了幾個月，孕婦在一天夜裡要生了，一行人開著車將她送到醫院去生產。令我沒有想到的是，這部電影會直接出現一個剛出生小孩子的鏡頭——銀幕上的小孩子皮膚發紫，皺巴巴的，突然出現嚇了我一跳。對於我這個還沒有結婚的人而言，這是一個很有衝擊力的畫面。說實話，我自認為是一個非常理智的人，也很少因為什麼事情而哭泣，但是，在看到這個衝擊力的畫面後，不知道為什麼，我直接哭了出來。

等到孕婦生完孩子，也不知道具體過了幾天，她又重新回歸到了朝聖的隊伍中。那些和她同行的人也在等著她。等她抱著孩子歸來，他們繼續像之前一樣三步一叩首地往前走。最終，他們克服了重重險阻，到達了布達拉宮。

到布達拉宮後，他們又因為沒有錢了，就去工作賺錢。等賺到足夠的錢，才接著往前走，最終抵達了神山岡仁波齊。然而，就在岡仁波齊的山腳下，年齡最大的楊培卻去世了，在一個黑夜中睡去，再也沒有醒來。看著他們請來了附近的僧人，將楊培包裹起來，放在高山之巔，等著群鷹來食。看到這裡，我又哭了。

看完整部電影後，我的心情十分複雜，我也暗自流淚好

在你的故事裡流我的眼淚

幾次。可是，我深切地知道，我之所以哭泣，不是因為傷心，也不是因為高興，而是因為感動和愧疚。我感動於他們的虔誠和堅持，愧疚於自己的狹隘和輕易放棄。

在這次別樣的「旅途」中，他們迎接了一個新生命的誕生，也眼見了一個老人的去世；他們經歷了自然中的暴風雪，也品嘗過身無分文的困難滋味；他們與一輛汽車相撞，載貨的卡車無法使用，只好推著車和物資繼續前行⋯⋯他們經歷的這些磨難，都是我們這些普羅大眾在日常生活中會遇到的挫折。但是，與其他人不一樣的是，他們沒有謾罵、抱怨，反而是更加心懷感恩。

電影中的那些人真的很有毅力。他們所居住的村落到岡仁波齊神山有1,200多公里的路，單坐車就要好幾個小時，可是他們全程只靠走，而且還要走幾步磕一個頭。但是他們卻能堅持下來，尤其是隊伍中那個9歲的小女孩，邁著自己稚嫩的雙腿，睜著清澈的眼睛，跟在大人身後從不脫隊。或許她還不太明白這次出行的意義，或許她還不懂「信仰」為何物，但是她能夠堅持下來，就已經非常了不起了。

再看看我們這些人，動不動就因為一些小挫折、小困難而放棄，動不動就覺得辛苦、覺得累。與小女孩比起來，我們中的很多人實在是自愧不如，也難怪我看到小女孩的眼神和笑容就情不自禁地哭泣了。

Chapter 3　化身戲子，在別人的故事裡流淚

　　這種在別人的故事中流淚的過程，更像是我們在自省、自我反思，能夠讓我們意識到自己的一些問題所在，讓我們看清楚自己的毛病。只要能真正觸到我們的心靈，讓我們能叫醒沉睡的自己，那麼，在別人的故事中流淚也不是什麼壞事。

沒有任何一個人
能完全理解你的感受

　　每到春節假期,除了要應付七大姑八大姨等親戚們的各種「詢問」和八卦,還要參加一個很重要的節目──同學聚會。

　　歐娜這次回娘家,正好就趕上了高中同學聚會。等歐娜到了聚會的地點,還沒認清人,就被大家熱情地拉到了餐桌上。或許一開始彼此還因為時間的距離而稍顯生疏,但是,當酒過三巡後,大家立即就找到了當年的感覺,氣氛一時就熱烈起來,聊得不亦樂乎。

　　同學聚會嘛,難免少不了吹噓和炫耀。小婷就是其中的一員,她結婚數年,丈夫的事業很有成色,孩子現在也上幼稚園了,日子輕鬆了很多。於是,小婷在聚會剛開始的時候,眉眼之間盡是自豪與炫耀,不時炫耀自己的包包和鑽戒。

　　聊著聊著,或許是情緒正濃,或許是酒入愁腸,小婷也開始抱怨自己的委屈,什麼婆婆插手他們的生活了,丈夫不站在自己這邊了等等,都是一些家長裡短、雞毛蒜皮的小事。一開始,大家還竭力安慰,可是小婷在大家的安慰下卻

Chapter 3　化身戲子，在別人的故事裡流淚

越說越有癮，沒有停下來的意思。漸漸地，大家的安慰就敷衍很多，甚至不怎麼接她的話茬了。

這個時候，小婷可能也感覺到了其他同學的漠視，她也有點尷尬，正不知道該怎麼將話題進行下去的時候，班花歐娜突然接過了話題，說道：「哎，你們知道嗎？我前段時間差點跳樓了。」

這句話一出口，大家瞬間炸了鍋。這可是班花哎！長得漂亮，個性也很溫柔，是班裡好多男生的夢中情人，結果呢，班花卻說她差點跳樓！據大家所知，班花半年前剛生了孩子，怎麼會這麼「想不開」呢？於是大家抱著八卦也關心的心理，都讓班花快說說是怎麼回事。

班花看大家都想聽，就接著說道：「大家都知道我半年前生了孩子是吧？但是你們卻不知道，我剛生完孩子就患上了嚴重的產後憂鬱症。因為憂鬱症，我完全沒有體會到初為人母的欣喜，而是非常排斥我的兒子，壓根都不想看見他。家裡人都知道我得了這麼個『病』，一開始還忙前忙後照顧我，哄我開心，我老公也對我非常貼心，很關心我。可是，那個時候，他們做的這些對我而言都是沒有用的！大部分的時間裡，我依然對任何事都提不起興趣來，對兒子、家人都很淡漠，偶爾還會神經質地衝老公發瘋。過了大約兩個多月吧，有一次我又在『發瘋』。或許是因為我遲遲不見好轉，老公的耐心已經磨光了，或許是當時他太累、心情也不太好，

> 沒有任何一個人能完全理解你的感受

「總之，他看著我在旁邊歇斯底里，並沒有上前抱住我、安慰我，而是十分平靜地跟我說，『你這個症狀，我前段時間也諮詢過別人，所以也有點能理解你的感受。可是，從別人的描述來看，你不覺得你的反應太過激烈了嗎？別人怎麼都沒有像你這樣？』我老公在說這些話的時候，『無理取鬧』這四個字真的就是明晃晃地在他臉上閃動。」

「所以，接下來的時間我都不想搭理我老公了。結果，沒多久，連我媽也很煩了，說我總在沒完沒了地鬧，說我要適可而止，不然我老公非得跟我離婚不可。看，先是我老公那樣說，又是我媽這樣講，當時我就覺得，我老公是我要相伴一生的人，我媽是生我養我的人，但他們為什麼不能理解我呢？他們怎麼會說出這樣的話呢？我突然就覺得生活沒有意義。」

「有一次，我與老公又發生了爭吵，當時覺得快要精神崩潰了，就恍恍惚惚地朝著陽臺走去，幸虧我老公反應很快，把我一把抱住了，這才避免了一場悲劇。透過這一次『自殺未遂』，說實話我自己也被嚇到了。我覺得不能再這樣下去，於是，從這之後，我狀態稍微好點的時候，就主動查資料，去找醫生諮詢、吃藥；醫生也和家人們都聊了聊，讓他們明白憂鬱症到底是怎麼回事，讓他們知道事情的嚴重性，讓他們幫助我一起度過難關。就這樣，我這才慢慢地好了。」

說到最後，只見歐娜看著小婷，繼續說道：「其實，我說

Chapter 3　化身戲子，在別人的故事裡流淚

這麼多，就是想說，『如人飲水，冷暖自知』，世界上沒有任何一個人能夠理解你的感受，就連你至親的人都不能。有些時候，有些難關，必須自己克服。」

確實，就像歐娜說的，如人飲水，冷暖自知。在這個世界上，幾乎沒有任何一個人可以完全理解另外一個人的感受。

每個人都渴望自己被理解，被大家關懷，可是同樣地，每個人又生來就是孤獨的。這種孤獨感將伴隨我們的一生，不論是血脈相連的父母，還是相濡以沫的愛人，或者是傾心相交的知己，都無法磨滅這種孤獨感。即使我們在生理上可以和別人接近、相互依賴，即使我們的靈魂可能與別人接近，即使我們的心與別人緊密相連，但他們也始終無法理解我們真正的感受，同樣地，我們也沒有辦法理解他們所有的感受。所以說，我們的人格始終處於相對獨立的狀態中，我們依然是一個人。

再說了，人與人的思維方式是不同的。有些人的思維偏於理性，而有些人的思維則偏於感性。那些感性思維的人，總覺得即使自己什麼都不說，那些真正關心自己的人是能夠明白、能夠猜中自己的心思的。但是，讓那些理性思維的人來看的話，他們就會覺得一個人如果不說出來自己的想法，別人又怎麼會知道呢？因為兩種思維方式的不同，所以人類

> 沒有任何一個人能完全理解你的感受

就特別需要溝通。然而，人們只記住了用嘴吃飯，記住了用嘴說一些惡毒的話去傷害別人，卻忘記了它真正的用途，沒有好好地與人溝通。

既然如此，我們就真的不能對身邊的人，親人也好，朋友也罷，包括戀人，不能要求太多，不能要求他們必須完全理解我們，不能要求他們時時刻刻都懂我們在想什麼。如果我們有幸碰到這麼一個人，他能懂你大部分，這就是一種幸運，是上天賜予的幸福。如果我們強制要求別人都這樣理解我們，那我們就有點強人所難了，我們何不保留一點神祕感，讓自己理解自己，讓自己體會這種快樂呢？

Chapter 3　化身戲子，在別人的故事裡流淚

感同身受只是你的一種錯覺

上學的時候看過「高山流水」的故事，當看到鍾子期死了，伯牙就將心愛的琴摔破，並發誓再也不彈琴時，年幼的我還並不理解其中的深義，還以為他們是傾心相交的友人，感動於他們的感情至深。後來，隨著年齡慢慢增長，我才真正明白其中的感受是什麼——因為理解伯牙的鍾子期不在了，他與這個世界上的其他人沒有精神上的共鳴，再彈琴也沒有人欣賞，那還不如不彈。

理解了這一點後，我就明白了「知己」二字的含義。但「知己」再貼心，也始終是沒有辦法完全理解我們的，是不能與我們感同身受的。**就是說，世界上是沒有感同身受這一回事情的。**

可能有些人不這樣認為。那我們可以回想一下自己的人生，大家有沒有經歷過這樣的情景：我們因為一些事情非常非常開心，或覺得自己正在承受著世界上最大的痛苦與委屈，於是就想要找自己的好朋友、愛人、親人訴說一下，想讓他們理解我們的快樂或悲傷時，當我們把自己的心情分享給他們後，得到的回應卻總不那麼盡如人意。就是說，他們無法感受到和我們等同的快樂和痛苦。

> 感同身受只是你的一種錯覺

這可能是因為我們訴說的不精確,語言和耳朵過濾了一些東西;可能是因為我們的個性、需求不一樣,我們覺得重要的事情在別人那裡可能一點都不重要;可能我們的神經和別人的神經敏感度不一樣,感受到的情緒濃烈也就不一樣。總之,不管怎樣,我們沒有得到想要的回饋,得到的反而是別人漫不經心的誇讚、客套的敷衍,或者是惡意的嘲諷。

我曾經看過的一個關於小猴子的故事。

有一隻小猴子,因為外出覓食的時候受傷了,於是牠就用山上的藥草簡單地包紮了一下,想要回去看醫生。結果,牠在回去的路上,因為遇見了很多「熱心」的小動物,反而讓自己的傷口更加嚴重了。

小猴子先是遇到了小象,小象看到了小猴子身上的藥草,就問牠:「小猴子,小猴子,你怎麼了呀?」小猴子說自己受傷了,很痛。其實,小猴子這樣說,是在等著小象的安慰的,但是小象沒有安慰牠,反而說道:「你把藥草揭開我看看。」小猴子就把藥揭開,把自己的傷口露出來給小象看,小象看了一下就流淚了,說道:「小猴子,是不是很痛啊?你真可憐,趕緊回去找醫生看看吧!」

小猴子就繼續往前走,牠又遇到了長頸鹿。長頸鹿看到小猴子身上的藥草,也跑來問小猴子怎麼了。小猴子就像剛才一樣,又把藥草弄下來,把自己的傷口揭開讓長頸鹿看。

Chapter 3　化身戲子，在別人的故事裡流淚

長頸鹿看完後，問小猴子：「你是怎麼弄傷的？」小猴子說自己爬樹上摘果子，不小心摔下來了。長頸鹿就說：「都怪你太矮了，你要像我一樣高就好了！」說完，長頸鹿就蹦蹦跳跳地走了，留下小猴子一肚子感傷：「我為什麼這麼矮呢？」

接下來的一路，小猴子陸續遇見了小老虎、小獅子和斑馬，牠們紛紛要求看小猴子的傷口，小猴子都把自己的傷口揭開來給這些小動物看。這些小動物和之前的小象和長頸鹿一樣，要麼只是象徵性地問問，說一句「好可憐」就紛紛走開了；要麼就是挖苦小猴子「猴小想法多」，明明力量不足還想那樣做，結果才受傷了。所以，就導致小猴子的傷口越來越大，越來越嚴重。等到小猴子快走到醫生那裡時，他已經因為失血過多而死了。在死之前，小猴子還在想：「我為什麼那麼可憐？為什麼那麼沒用？」

小猴子的悲慘結局就在告訴我們，有些事只適合深藏在我們心底，無需向別人訴說，也不用指望別人能感同身受地理解我們，更不能揭開傷疤讓眾人觀賞，否則只會讓自己更受傷。

因為在這個世界上，是沒有真正的感同身受的，也沒有任何一個人，會真正地理解另外一人。**在我們的一生中，大部分的時間都是一個人，而真正能安慰我們的也只有自己。**就算我們萬箭穿心也好，痛不欲生也罷，這都是我們一個人

> 感同身受只是你的一種錯覺

的事情，與別人無關。或許別人看到後會表達他的同情，會給我們一個擁抱，會給我們一些幫助，但也僅限於此，他們永遠也不知道我們的這個傷口到底潰爛成了什麼模樣，他們也永遠不知道有多痛。可能有些人會覺得我的觀點太過偏執，但這就是事實。

然而，在生活中，還是有很多人就像這隻小猴子一樣，把自己的傷口輕易地就揭開給別人看，然後從別人或是驚嘆，或是同情的話語中獲得一種另類的滿足。為什麼有些人會從這樣的話語中得到滿足呢？因為他們陷入了強烈自哀的困境中，在過度渴望著獲取別人的同情。這種人就像作家魯迅筆下《祝福》中的祥林嫂一樣，會喋喋不休地說著自己的痛苦，然後從別人那裡獲得毫無意義的同情與憐憫。不，也不能說毫無意義，至少對於這些人而言，他們是有一種心理滿足感的。但是，客觀地說，這種滿足感不能解決任何問題，反而會讓自身的困境越來越嚴重。

所以，除非你是一個有「強烈自哀」需求的人，不然就不要輕易地露出自己的傷口給別人看，也不要期許別人能與你感同身受。

那麼，我們就不能再向別人傾吐自己的煩惱了嗎？不是，只說我們不要指望別人給予同樣感受的回應。就是說，當我們成功或失敗，我們都可以向別人訴說，他們可以為我

Chapter 3　化身戲子，在別人的故事裡流淚

們歡呼欣喜，也可以給予我們幫助，但是，除此之外，我們不能對他們要求更多，不能要求他們一定要完全理解我們的感受，或者說完全能體會我們的喜悅、憂慮或悲傷。我們只需要記住一個道理：世界上從來就不存在感同身受，這只是人們的一種錯覺。

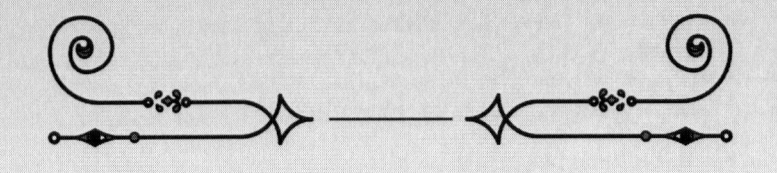

Chapter 4
深陷泥淖，山重水複疑無路

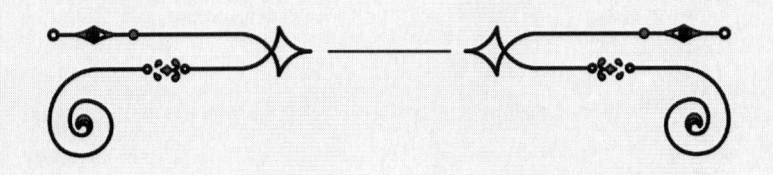

Chapter 4　深陷泥淖，山重水複疑無路

子非魚，偏要感受魚之樂

　　一天，莊子和他的好朋友惠施相約在濠水的一座橋梁上散步。兩人走著，說笑著，突然，一條魚在水裡倏地一下游過去了。莊子看著這條歡快的魚兒，就感慨地說道：「看這條魚，游水的姿勢那麼從容、瀟灑，一看就知道牠是一條非常歡樂的魚兒。」

　　好朋友惠子聽完不樂意了，就說道：「你這個人為什麼要這樣說？你又不是那條魚，怎麼能知道魚快樂不快樂呢？」

　　莊子反駁說：「你還是不是我的朋友了，一點都不捧場。哼，我不是魚，但你也不是我啊，你怎麼就知道我不知道魚有多快樂呢？」

　　惠子看到老友生氣了，連忙哄道：「行了行了，我們也別爭執了！你說的有道理，我不是你，所以我不能體會到你的感受；而你也不是魚兒，自然也無法體會到魚兒的感受。我們兩個人都沒錯，行了吧？」

　　誰知莊子聽後更生氣了說：「你這個人怎麼說得我好像在無理取鬧一般。你要搞清楚，要不是你先說我不懂魚的快樂，說我是在瞎胡扯，我也不會跟你說這些。行了，不跟你聊了，我走了，大家有緣再見。」

> 子非魚，偏要感受魚之樂

雖然莊子的這個魚之樂的故事有點氾濫了，但是，其中的道理還有很多人不懂。

有一次，回老家吃飯，還沒到我家樓底下，就聽到社區的小湖邊傳來一陣笑聲。這不就是我媽的聲音嗎？於是我走過去，想叫我媽回家，結果就聽到她和一群老太太在嘰嘰喳喳地談論著某家的女兒，說她還不嫁人，相親相了上百個，沒有一個看中的，也不覺得一個人生活孤零零的等等。

我當時就想，這群大媽還真是八卦，怎麼這麼愛多管閒事啊！她們又不是別人，怎麼就知道人家一個人生活孤單了？說不定人家一個人也過得十分精采，還比誰都自在呢！想著，我就把我媽叫了出來，讓她跟我一起回家了。

我們每個人明明都有屬於自己的生活方式，為什麼還總會愛對別人的人生指手畫腳、說三道四呢？難道他們都把自己的生活過好了？並沒有。他們中的有些人，明明自己的生活都一團糟了，還要去指責別人的生活，著實不應該。

周周就是這樣一個明明自顧不暇，卻還要「指點江山」的女生。如果不了解周周，很多人可能會覺得她是一個非常善良、極富同情心的女孩子。當然，她可能也是真的很善良，只不過我體會不到。

在與周周打交道的那段日子裡，我時常能聽到周周說「這個可憐」、「那個可悲」、「誰又特別慘」。似乎這個世界上

Chapter 4　深陷泥淖，山重水複疑無路

除了她之外，人人都生活在水深火熱之中，需要披著披風的 Superman 來將這些人拯救出來。在我不了解周周的時候，我也以為她是個女超人，幫助了別人很多。後來，等我對她加深了解後，我只覺得她是一個搗蛋鬼。

我與周周能夠認識，得益於我們的一個共同的朋友——小藍。我與小藍是大學同學，而周周與小藍是高中同學。因為我與小藍的關係不錯，就在放暑假時去小藍家的城市旅遊，從而認識了周周。不過，我和周周那個時候不怎麼熟悉，也不怎麼來往。

大學期間，小藍交了一個男朋友，等到畢業的時候，小藍回了家鄉工作，而她的男朋友則北上去工作。後來，小藍因為實在捨不下這段感情，於是就辭去了家鄉的工作，隨著男朋友一起去了北部。而我因為工作的原因，調去了南部。小藍知道後，就跟我說周周也在南部工作，平常我們可以多來往一下，也好互相有個照應。就這樣，我與周周的關係才慢慢熟絡了起來。

在與周周的來往中，我發現她經常會打電話、傳訊息給小藍。一開始我也沒多想，就想著她們兩個是高中同學，關係應該比較近，多聯繫一下也沒什麼。因為與周周接觸多了，我從她口中聽多了別人的「悲慘往事」，感覺這個人的個性我不太喜歡，就慢慢地減少了與她的聯繫。

> 子非魚，偏要感受魚之樂

直到有一天，小藍打電話給我，問我她辭去工作去北部追隨男友是不是太衝動了。我聽了後很詫異，因為小藍不是這麼草率的人，她既然決定放棄家鄉的工作，肯定是深思熟慮的結果。為什麼過了這麼長的時間，她卻在糾結這個問題呢？於是，我就多嘴問了小藍一句，這才知道，原來最近半年，小藍的男朋友因為工作調動，去了臨近的城市工作。雖然距離不遠，可是小藍不捨得男友來回奔波，就不讓他每週末來找她，只說兩個人一個月見兩次面就可以了。

但是這件事被周周知道了，周周就經常打電話給小藍，每次都會問小藍「你男朋友有沒有去看你啊」，或者說「你看你為他放棄了這麼多，他還不好好愛你」、「你倆現在可是異地，你小心他身邊的那些女生」之類的話。而且，在每次的電話中，周周都會跟小藍說身邊又有誰被男友拋棄了，又有誰過得多麼多麼慘了。時間一長，小藍也開始懷疑自己當初的決定對不對，懷疑男友到底有沒有出軌。

我知道這件事後，就去找周周，讓她不要一直跟小藍說那些。周周還十分委屈：「我這也是為了她好啊！她那麼單純，我不說她怎麼早點防患於未然？」

或許周周真的是好心，但我還是覺得，子非魚，她憑什麼要用自己的「好心」去評判別人的愛情和人生呢？她自己的愛情還一塌糊塗，憑什麼指點別人呢？再說了，她真的

Chapter 4　深陷泥淖，山重水複疑無路

有自己以為的那麼了解小藍嗎？並不是。她只不過喜歡「看戲」，喜歡旁觀別人的故事，還指手畫腳一番，過一把當導演的癮。

其實，**我們誰都沒有資格來指點別人**。因為我們與別人一樣，都是生活海洋裡的一條魚，雖然有著相似的外表，卻有不同的靈魂，正以不一樣的方式生活著。所以，我們只需要做好自己這條魚就可以了，不要妄想去感受其他魚的悲歡離合，去指導和改變其他魚的人生。

我不要跟你像極了的人生

搭乘公車時，聽到旁邊站著的兩個女生在聊天。只聽其中一個女生說道：「哎，你長得那麼像誰誰誰，怎麼不上一個超級模仿秀呀？或者你在社群媒體上開個帳號來模仿她，那樣你就可以爆紅了，等你有一堆粉絲後，你就能做網紅了，然後錢就會大把大把地來了。」

另一個女生聽後笑著說：「哎呀，我哪有那本事呀！再說了，我跟她長得有那麼像嗎？」

女生接著說：「是啊，就是挺像的。你們從某個角度看的話，就是剛剛側臉的那個角度，你們看起來特別特別像。」

那個女生依然只是笑笑不說話，這個女生又接著說道：「你有點信心，也別不信。前段時間，我看社群媒體上有一個長得像男藝人楊洋的人爆紅了，我點進去看了，其實他不怎麼像，就是靠化妝化的。但是你看看你，你跟那個明星，某個角度看還是很像的，所以，你要模仿他的話肯定能紅。」

另一個女生好似有些心動，但是可能覺得自己做明星這件事情過於天方夜譚，於是說道：「但是我聽說那些網紅背後都有經紀公司在推波助瀾，而我只是一個人，又只是單純長得像，靠模仿的話，沒有人運作也還是不行吧？」

Chapter 4　深陷泥淖，山重水複疑無路

　　接著，兩人就開始八卦網紅背後的那些事兒了，而我也到站了，就下車了。下車後，我走在路上，繼續在想剛才聽到的這兩個女生的對話。現在各種模仿、網紅盛行，讓我想起了早些年的一些模仿秀。

　　剛開始有模仿秀的時候，大家都以模仿一些很有特色的明星為主，而不是單純地模仿他們的長相。這些人在模仿他們的時候，不是模仿長相，而是模仿那些明星的專長和特色，能夠一表演就讓觀眾知道，「哦，你模仿的是他」。所以，這些模仿秀的節目在剛開始出來的時候才特別火。

　　但是，要按照剛才那兩個女生的談話來看，我覺得現在社群媒體上的那些人的模仿，其實還真的夠不上模仿，因為他們只是在模仿對方的長相而已。用那兩個女生的話來說，現在的化妝技術那麼高超，我就在影片上看到過一個男生透過化妝，把自己化成了好幾個不同的歐美女性的樣子。這已經不是模仿，而是化妝技術的比拚了。

　　再說了，就算一個人真的跟某個明星長得像，那也只是在模仿一些明星的長相，唱歌不會，演技也沒有，空長了一張臉。這有什麼意思呢？由此可見，要想模仿一個人，可不是輕易就能做到的，也不是只有外表象就可以，最好要能有自己的特色，還要達到超越模仿的水準，有唯妙唯肖的模擬本領才行。不然，哪怕這個人與真人再像，那也只是一個假的冒牌貨。

我不要跟你像極了的人生

　　就像我們看《西遊記》，裡面有一隻六耳獼猴長得和孫悟空一模一樣，就連本領也不相上下，會的法術也與孫悟空並駕齊驅。所以，六耳獼猴巧妙地模仿孫悟空，想要替換掉孫悟空，跟唐僧去西天取經。當時，連玉帝、觀音、唐僧都區分不出來到底哪個是真的。可見，六耳獼猴的模仿可謂到了出神入化的地步了。結果呢，他還不是被孫悟空一棒子打死了，而且，六耳獼猴就算再像孫悟空，觀眾也不買帳，也不喜歡他，還是只喜歡孫悟空。

　　其實，我們可以想想，如果六耳獼猴真的跟孫悟空那麼像，真的有孫悟空那麼大的本事的話，那麼，他就算不模仿孫悟空，也能闖出一片天地的。就憑他自己的本領，也是能夠在玉帝或如來佛祖身邊獲得一席之地的。但是，六耳獼猴偏偏要假扮孫悟空，那麼，他就算模仿得再像，那也不是他自己，而是永遠籠罩在孫悟空的光環和影子下，走到哪裡都是孫悟空的名字，而不是六耳獼猴。等到被人識破的那天，等待他的就是「死亡」。

　　還有些人認為，真正的孫悟空死了，後面的都是「假貨」六耳獼猴在假扮孫悟空去取經。如果要真是這樣的話，那也只能說六耳獼猴的模仿太到位了，騙過了所有人。但是，要仔細想想的話，我們能說六耳獼猴是成功的嗎？能說他是其中的獲勝者嗎？不能！因為就算是六耳獼猴頂替了孫悟空去取經，大家也都不知道，大家知道的都是孫悟空，大家誇來

151

Chapter 4　深陷泥淖，山重水複疑無路

誇去的、喜歡的、羨慕的也都是孫悟空。如果不是一些學者要這樣分析，誰會想起這是六耳獼猴的模仿逆襲呢？

現實世界中的模仿也是如此。我們要知道，娛樂界中的一些模仿，那是在做節目，是在娛樂大家，但是，卻有些人，尤其是年輕人，不想著努力工作、提升自己的技能，卻把這個當成了一個飯碗和成名的捷徑，這怎麼可行呢？

如果一個人真的有本事的話，最好先不要模仿別人，而是試著走一下自己的路。就像一位曾被模仿過的大明星對他的模仿選手說的那樣，「**你具有很強的悟性和很好的資質，所以你不一定非要學我。你完全可以走出一條有自己特色的發展路子。不信的話，你可以去試試看！**」如果自己的路實在是走不通，也可以藉著模仿給自己帶來更多的機會，這樣的話，你成就的才是你自己，而不是你模仿的那個人。

彼之陽關道，我之獨木橋

在法國歷史上，有兩位無話不談的忘年交，一位是年紀較大的詩人馬萊伯（François de Malherbe），一位是年輕的心理學家拉岡（Jacques Lacan）。

有一天，年輕的拉岡遇到了一個人生難題，他不知道該怎麼辦，於是跑來請教馬萊伯：「先生，您是一個比較了解我的人，而您的人生閱歷又很豐富，對人生一定有著不一樣的見解，所以，我想請您幫我一下。我現在正面臨著一個選擇難題，那就是我不知道自己在這個年紀，應該去結婚，還是去工作。如果去工作的話，我是去當兵還是去政界做官？先生，請您從我的個性、家世、門第、財產以及能力上幫我分析一下，給我指一條明路。」

聽完拉岡的一席話，馬萊伯沒有立即回答，而是慢悠悠地說道：「你這個問題確實是個難題，不過，在我回答你以前，我先講一個故事吧。」

「有一位爺爺帶著孫子進城逛市集。由於天氣很熱，爺爺的年紀比較大，孫子擔心爺爺的身體，就讓爺爺騎著驢，他在前面牽著驢走。」

Chapter 4　深陷泥淖，山重水複疑無路

「走在半道上，一個人看到了，就說到『哎呀，這個老漢只顧著自己享受，卻讓一個年幼的小孩子步行，真是太狠心了。』爺爺一想，覺得這個人說得也有道理，而且他覺得自己也騎了一會兒驢了，也該讓孫子騎上驢休息一下了，於是，他就從驢背上下來牽驢走，讓小孫子騎著驢。」

「兩人這次走了沒多遠，就又碰見一個路人，這個路人說，『這麼大熱的天，竟然讓一個老人家牽著驢走，而這個小孩子反而騎在驢上，真是不懂事啊！』騎在驢上的孫子聽到了，一想也是，天氣這麼熱，他卻讓爺爺牽著驢走路，真是太不孝了，於是，孫子就讓爺爺去騎驢。爺爺又擔心自己的小孫子會累到，於是兩人一合計，決定一起騎著驢走。」

「這一次，又是剛騎上沒幾分鐘，就又聽到一個路人說，『這頭驢真可憐啊！牠這麼瘦，一看主人就沒有好好餵養，竟然還被兩人一起騎著，牠怎麼能禁得住呢？』爺孫倆人一聽，覺得這個人說得在理，就都從驢背上下來，誰也不騎了，乾脆牽著驢走。結果，走了沒幾步，就又碰到一個人，這個人看著爺倆牽著驢走路，就哈哈大笑，嘲笑這爺倆太傻，明明有驢卻不騎！最後，爺孫倆沒辦法，決定抬著驢走，走了不遠還是有人嘲笑他們，對他們說三道四的。到最後，爺孫倆不知道該怎麼辦才好，和驢一起待在樹下，遲遲找不到解決方法。」

> 彼之陽關道，我之獨木橋

「所以說，我年輕的朋友，在面對選擇時，你不要像故事中的爺孫倆一樣，毫無自己的主張，只聽從別人的意見，卻讓自己的生活一團糟。你應該有自己的想法，不應該來問我。因為我的人生閱歷是我自己的，我選擇的這條路可能適合我，但不一定適合你。因此，你究竟是參軍，還是去做官，抑或者結婚，你都要自己做出選擇，按照自己的想法來，走自己想走的路。」

其實，生活就是如此。我們就應該像馬萊伯說的那樣，**按照自己的想法來，走自己的路**。我們經常說：「你走你的陽關道，我過我的獨木橋。」殊不知，**別人的陽關道，放在有些人身上，有可能就是一個獨木橋**而已。這個和我們常說的「彼之砒霜，我之蜜糖」是一個道理。

因為每個人的境遇不一樣，個性不一樣，所以每個人的需求也會不一樣。有時候，適合你的未必適合別人，而適合別人的也未必適合你。如果我們一味模仿別人，羨慕著別人的陽關道，那我們自己很可能就走上了獨木橋，也不會有屬於自己的成功。

就像歌手周杰倫，如果他一味模仿別人，就不是周杰倫了。因為周杰倫在剛開始的時候，創作的音樂沒有人喜歡，1997年，因為參加了一個綜藝節目《超猛新人王》而認識了主持人吳宗憲。吳宗憲很賞識周杰倫，就在節目後邀請周杰

Chapter 4　深陷泥淖，山重水複疑無路

倫到他的音樂公司去寫歌。當時，吳宗憲給周杰倫準備了一間辦公室，讓他專心創作歌曲。

儘管周杰倫擁有扎實的音樂功底，他也很快就創作出了大量的歌曲。但是，讓吳宗憲感到不可理解的是，周杰倫創作的曲風總是怪怪的，音樂圈內幾乎沒有人喜歡。因此，周杰倫曾在很長的一段時間內，都得不到眾人的認可，也沒有歌手要唱他的歌。別人也跟周杰倫提過，讓他寫一些當下流行的、大眾能接受的歌曲，但被周杰倫回絕了。

在不斷被人拒絕的過程中，周杰倫也迷茫過，他也懷疑自己的音樂之路到底還能走多遠。後來，還是吳宗憲看到了周杰倫對音樂獨特的理解力。於是，他決定讓他自己走上舞臺，演唱自己創作的歌曲。就這樣，才有了我們所熟知的歌手周杰倫。

如果周杰倫在創造音樂的路上，沒有堅持不懈地堅持著自己的風格，沒有堅持做自己，而是選擇走了前人的「陽關道」，那麼，他可能就走上了自己的「獨木橋」，也不會有日後這麼受歡迎了。相反，他正是做自己，堅持走「獨木橋」，卻為自開闢了一條陽關道出來。所以說，**要想做命運的主人，我們必須掌握自己，不能永遠依賴別人**。要知道，到最後能夠支持並幫助自己戰勝困難、取得成功的那個人，一定是內心深處堅強的自己。

讀懂了別人的故事，卻丟失了自我

　　2017 年的夏天，選秀節目「快樂男聲」以網路播出的方式開播了。許多熱愛音樂、喜歡看選秀節目的朋友們都仔細收看這個節目，想要尋找自己喜歡的「偶像」。我也看了這次的快樂男聲，發現這屆和往屆相比，出現了很多「雷同」。

　　什麼「雷同」呢？2013 年的該節目我也是有看過的，比較了解那一季的參賽選手情況，也關注了他們的後續發展。其中，歌手華晨宇在「快樂男聲」這個選秀節目中脫穎而出，並因其前衛、搞怪的音樂風格，成了音樂界有名的「鬼才」歌手，吸引了很多粉絲的關注，擁有了比較大的觀眾基礎。而在 2017 年的快男比賽中，有一位謝姓選手。他一開始出場的時候，不只是我，評論中也有很多網友都在說他和華晨宇看起來很像。當然，這裡的「相像」不是說長得像，而是外表和造型很像。

　　等到後面謝姓選手出場唱歌的時候，他選擇了一首華晨宇的歌做開場。這一下子，觀眾們都看明白了，他就是在模仿華晨宇。而且，他的演唱方式、舞臺動作全部在模仿華晨宇，甚至謝姓選手還在演唱的過程中，臺下坐著的評審導師就說了，「這個人模仿華晨宇的影子太重了，完全就是另一個

Chapter 4　深陷泥淖，山重水複疑無路

華晨宇」。再看網路上的評論，也全是在說謝姓選手在模仿華晨宇，都看不出來是他自己了。後來導師講評的時候，就說謝姓選手不要只是模仿別人，要有自己的特色。但是，該名選手還反駁，說這就是自己的特色，而且華晨宇是他的偶像，他不覺得向偶像學習一下有什麼不好的。

說到這裡，明眼人一眼就能看懂了，明明謝姓選手就是在模仿華晨宇，他卻偏要說這是自己的特色。果然，沒多久，沒有自己特色的謝姓選手就被淘汰了。

同樣地，這次參加比賽的還有一個王姓選手，他則是以歌手羅志祥為自己的榜樣，也唱過羅志祥的歌，跳過羅志祥的舞蹈。一開始，也有人說王姓選手模仿羅志祥的影子太重，但是他一直在做自己，一直在找自己的特色，最終，他向別人展示了有著自己特色的一面，告訴觀眾他就是王姓選手，而不是歌手羅志祥。

其實，在現實生活中，**我們有很多人都是這樣，看到別人的優秀和成功，就不自覺地去模仿，結果到最後卻丟失了自己，再也找不到自己的特色。**那麼，我們可以完全不去模仿別人嗎？不能！不論人們是否承認，人類始終都有模仿他人的天性。因為一開始的時候，人類要透過模仿來讓自己變得更優秀，更適合自然社會的發展，結果，模仿的基因就流傳了下來。但是，就算我們再怎麼模仿別人，也要有自己的

> 讀懂了別人的故事，卻丟失了自我

特色和特點，不然就很容易丟失自我。到那個時候，我們的人生將會陷入迷途。

曾經有兩個年輕人大學畢業後相約一起到大城市闖蕩。兩人都到同一家公司上班，但是很快，其中一個年輕人甲因為業績顯著，升為了小組組長；而另一個年輕人乙則因為業績很差，依然是一名小職員，還成了甲的手下。

乙看到甲的發展，覺得心理不平衡，就去廟裡找人算卦，想看看未來的甲和自己是怎樣的。卦師是一位年輕和尚，他告訴乙，讓他別著急，等三年後再看。就這樣等了三年。在這三年中，甲成了業務部門的經理，而乙則步步緊追，學習甲的處事方法和說話辦事之道，終於也榮升為了一個小組組長。可是，這時候，甲卻告訴乙，他要自己開公司去了！乙對甲一陣羨慕嫉妒，又跑去找當年的那個和尚了。誰知，和尚還是那句話，「別著急，再過三年後看」。

就這樣，又三年過去了，甲已經自己開了一家公司做老闆了。乙呢，因為羨慕甲，就開始模仿甲，甲去開公司，他也辭職去外面拉投資要開公司。結果，甲手上有很多資源和客戶，公司在度過一開始的創業期後很容易就步入了正軌。而乙則因為準備工作不足，沒有客戶，拉來的投資也都賠了。背了一身債的乙氣不過，又去見和尚，和尚看著乙，說道：「這六年間，我從普通的和尚升為了方丈，而甲從一個

Chapter 4　深陷泥淖，山重水複疑無路

職員變成了公司老闆，那你呢？我們每個人都知道自己要什麼，也在朝著自己的目標前進，都在為自己活著，成為自己人生的主宰。但是你呢？你在為誰活著？你是真的想開那家公司嗎？你適合開公司嗎？你喜歡什麼呢？你有思考過這個問題嗎？」

乙聽完和尚的話，才幡然醒悟，原來自己把自己弄丟了！這幾年來，他一直在「監管」甲，以甲作為自己的風向標，看著他的人生怎麼發展，看著他步步高昇，看著他迎來了金錢和面子，但是乙卻沒有想過自己的需求是什麼。其實，甲人生中的好與壞，與他又有什麼關係呢？想通了這點，乙開始認真經營自己的生活，找到自己的夢想後，他朝著自己的夢想努力，終於也成了行業之中的佼佼者。

真正有大智慧的人，不僅會從別人的故事中看懂自己的人生，還能夠借鑑別人的成功經驗、失敗教訓來補充不完美的自我，讓自我能夠不斷地更新，從而實現自己的人生夢想。

人生不是書本，沒有目錄可供參考

當河水乾涸的時候，即使有木橋的存在，人們也大多不會再走那個木橋了，而是直接踩著石子過河。似乎人們總是非常喜歡打破規則，不按照常理出牌。但是，在人生這條河上，我發現，人們卻走得異常小心，經常要參照前人的腳步，唯恐自己發生意外。

為什麼人們走人生之路時如此謹慎呢？大概他們知道人生只有一次，不想那麼早就被判出局，也不想經歷多的磨難，只想自己的人生能夠簡單點、容易點。然而，這樣的想法是美好的，最後的結果卻未必。我之所以會有這樣的看法，是因為在前段時間我得到了一個消息，說我的一個國中同學自殺了。

這個國中同學名叫王旭，是一個非常有才華的人。但是，我在聽到這個消息的時候，雖然感覺到十分詫異，卻覺得這又是意料之中的事情。為什麼我會這樣認為呢？這就要從王旭這個人說起了。

我認識王旭是在上初一的時候。那個時候，我和其他人還都是一群什麼也不懂的小毛孩子，只喜歡看《聖鬥士星矢》，喜歡聽歌手周杰倫和濱崎步的歌曲，卻從來不會關注

Chapter 4　深陷泥淖，山重水複疑無路

什麼成功人士。但是，那個時候的王旭卻與我們不一樣，他非常喜歡電子產品，希望將來能像他的偶像比爾蓋茲一樣，成為世界首富。於是，那個時候的他就開始步步朝著比爾蓋茲學習了；蓋茲從中學時期開始學習 Basic 程式設計，王旭也讓家長買了一臺電腦，自學這些課程；蓋茲為電腦中心公司服務，並指出其中的軟體漏洞，王旭就也想找一家電腦公司為他們工作。結果因為他的年齡問題，再加上當地資源有限，他只能退而求其次為一家網咖工作。不僅如此，王旭還痴迷那些電子產品和各種程式設計書。當時我們都覺得王旭是一個中邪的瘋子，與我們都不一樣，遠不可攀，自然也都不太想和這樣的人一起玩。

後來，我和王旭考到了同一所高中上學，因為我愛好文學，選擇了文科，王旭自然是選擇了理科，所以我們的聯繫就更加少了。雖然我們不常見面，但是經常能聽到一些王旭的消息，不是參加什麼比賽獲獎了，就是發明了一些小東西出來。漸漸地，王旭在我們學校成了一個很有名氣的人物，不僅很多老師喜歡他，就連很多學妹也仰慕他。

大考結束，王旭不負眾望考上了一所重點大學，也被他一心嚮往的那個專業錄取。但是，令大家吃驚的是，王旭中途輟學了！問他為什麼退學，他說他已經拉到了贊助，做好了計劃，像他的偶像蓋茲一樣去創業。就這樣，王旭早我們幾年踏入了創業的行列中。

> 人生不是書本，沒有目錄可供參考

一開始，王旭的事業和公司也搞得有聲有色的，但是不知道怎麼回事，突然聽說他的公司破產了，他的一個什麼專利被人搶走了，他欠了一屁股債。敗給理想的王旭因為不堪忍受逼債的壓力，也不想面對每天以淚洗面的父母，更不想忍受女朋友的嘲諷，於是，頂不住壓力的王旭自殺了！

王旭的事情讓我想起了我看過的一本書，書名叫做《我的人生供你參考》。當時，在看到書名的時候，我就覺得，世界上真的有可以參考的人生嗎？本著這個目的，我去翻閱了這本書，發現書中確實講了一些有用的東西，但是我卻發現，參考可以，結果是怎麼樣，還要看我們自己，不然很容易就變成「圖片僅供參考，請以實物為準」。如果我們一味模仿別人，那就會像王旭一樣，成為一個「呆子」，最終害人害己。我想王旭可能到死都不明白，他為什麼一心一意地按照他的偶像的路線走，而他的偶像能夠成功，他卻失敗了。

其實，參照王旭的經歷和事件，充分說明了一句話——**人生是沒有書本和目錄可供參考的，每個人的人生都只有一次，絕不雷同。**

如果把人生比作一本書的話，那麼，我們每個人的這本書一定是空白的，既沒有書名，也沒有內容，只有一個署名，那就是我們自己的名字。在這本人生之書上，我們只能隨意發揮，任意書寫，頂多參考一下其他「書本」的版樣、格式，看看自己是想寫小說、雜文，還是散文，但是其中的內

Chapter 4　深陷泥淖，山重水複疑無路

容絕對不會是一樣的。既然如此，那麼我們怎麼可能去參照別人的書本來寫自己的書呢？那不就是抄襲了嗎？而且，也沒有什麼新意可言。

再說了，就算我們看到身邊的人發生了一些事，我們頂多能學習一下他們的經驗，總結一下他們的失敗教訓，避免自己重蹈覆轍，但是，我們卻沒有辦法直接杜絕此類事情的再發生，也不能說自己有了這些經驗就會規避掉這些事情。這是不可能的，該是一個人應該遇到的事情，他總會遇到，也總要經歷和體會。

人生只有一次，這一次我們每個人都需要經歷複雜的歷練，而且沒有回頭路可走。也就是說，有很多事情，我們只能做一次選擇，只能經歷過一次，那麼，你要如何把握這次機會，是自己發揮，認真體會？還是模仿別人，毫無新意？不管怎樣，我都希望大家不要丟失自己，要認真地體會自己的人生，要設計好屬於自己的這份獨一無二，寫完這本只能一個人完成的書籍！

走別人的路，只會讓你無路可走

作家魯迅曾說：「其實地上本沒有路，走的人多了，也便成了路。」藝人小瀋陽說：「走自己的路，讓別人無路可走。」

要我說：「走別人的路，只會讓自己無路可走。」

人天生會模仿。小到生活起居、一言一行，大到科技創新，模仿的例子比比皆是。比如說，有些人想要變得有錢，可以模仿成功企業家的商業模式；想要成為一名作家，可以模仿作家曹雪芹、魯迅的言詞和寫作手法；想要成為一個發明家，可以模仿富蘭克林、愛迪生的思考方式，多與大自然打交道。

現在的問題是，我們想要達到什麼樣的目的。也就是說，我們是想怎麼走自己的人生路。是想自己走，還是想走別人走過的路。如果走別人走過的路，我們要怎麼走，才不至於讓自己在這條路上被眾人淹沒，不至於無路可走。

其實很簡單，這需要我們一定要有所改變，走一條適合自己的、讓別人無法超越你的路。換言之，**我們就算模仿別人，也要模仿得有特色、有自我風格**。什麼才是有特色、有自我風格的模仿呢？那我們就需要做到模仿中的三個境界——守、破、離。

Chapter 4　深陷泥淖，山重水複疑無路

　　所謂「守」，就是要讓模仿者在這次「模仿秀」中，冠上自己的名字。就好比我們在電視上看到的一些模仿明星的素人，他們有些人就被大眾記住了，有些人卻被大眾忘記了，而那些被大眾記住的人，無不例外，都很有自己的特色——他們要麼擁有與明星一樣獨特的嗓音，要麼就是揣摩明星的音容笑貌以達到神似的地步。同樣地，**我們在模仿一個人的時候，最好先挑選一個與我們比較接近的模仿對象**。到時候，不論是在模仿他的成功經驗，還是在模仿他的成長路徑，我們都能比較容易地掌握。

　　挑選好模仿對象後，我們最好能總結一下他們成功的必要因素是什麼，知道他們的特色是什麼，如此我們一出手，別人才會因為某種熟悉感而記住我們。

　　同時，我們也要知道，就算我們模仿得再像，我們也只是一個模仿者。所以，當大眾提起我們的時候，也只是說這個人和某某某很像，或者說這個人像某某某一樣在做什麼。說白了，在我們這些模仿者身上，總是有對方的影子。這個時候，我們就需要「破」了。

　　什麼是「破」呢？顧名思義，就是說一個人一定要從自己模仿的那個人的影子中脫離出來，像蠶蛹化蝶一樣，做到破繭而出！做到這一點，就需要我們要有「破」這個意識，不能一直在模仿，而是要想著超越他們。

> 走別人的路，只會讓你無路可走

像唐詩流派中的一個悲情派別——苦吟派，就是因為不懂得「破」的道理，才一直發展不起來。苦吟派的詩人們常年沉浸在李白、杜甫的五言七律中為了得一句好詩，可以在「平平仄仄平平仄」中徘徊很久，但是他們因此被格律、平仄、前人的風采束縛了自身，只懂得模仿別人，卻找不到自己的特色和出路。最終，「兩句三年得，一吟淚先流」，留給後人無限哀嘆。

所以，這就要求我們在模仿的時候，不能只一味地模仿，不然很容易就變成了抄襲，同時要多模仿幾個人，總結他們的特色和技巧，盡量呈現出不一樣的模仿效果。到時候，人們就會從「他在模仿某個人」變成「他在模仿某某某，又像在模仿某某某，還像模仿某某某」，就會覺得這個人怎麼這麼有才能，可以一次模仿這麼多人，而且還都這麼像。

等到對大家的模仿出了一定效果後，等到大家被人們所記住後，我們一定要開始走自己的特色之路，最好能夠超越那些我們曾模仿的人，做到青出於藍而勝於藍，或者至少與他們並肩。

關於這一點，繪畫大師齊白石就非常明白。他曾經在指導他的愛徒許麟廬時，發現生性聰慧的許麟廬雖然得到了自己的真傳，有「東城齊白石」的美譽，但是他卻沒有自己的特色。齊白石覺得這樣不行，不利於愛徒的發展，於是齊白石

Chapter 4　深陷泥淖，山重水複疑無路

跟許麟廬講：「學我者生，似我者亡。」這才點醒了有些飄飄然的愛徒，讓他找出了屬於自己的特色，不至於因為過於像自己而被大家遺忘。

齊白石師徒的這個故事，就是在告訴我們，任何模仿都要達到模仿的第三重境界——「離」。就是說，**我們雖然始於模仿，卻能在模仿的基礎上實現創新，大膽超越，勇於發表自己的見解和觀點，最終超出了模仿，才能走出自己的特色，讓自己前路寬闊！**

還有梅蘭芳大師，許多票友對梅蘭芳發大師的評價是「看我非我，我看我，我亦非我；裝誰像誰，誰裝誰，誰就像誰」！看這評價，整個戲劇界中能做到的又有幾個人？難道是其他戲曲演員不如他用功嗎？難道是梅蘭芳大師的學戲路徑和其他人不一樣嗎？都不是。其他戲曲演員和梅蘭芳一樣刻苦，梅蘭芳在沒有成名前，也是模仿了很多大家的演繹，但他最後卻能夠成為一代大師，可以在那麼多大家中嶄露頭角，可以把每一個角色都演繹得栩栩如生，就是因為他在模仿中超越了前人，突出了自己。

由此可知，我們要想成功，可以始於模仿，卻不能在模仿終止，應該在學習借鑑的基礎上不斷創新，才能另闢蹊徑，走出一條獨一無二的、真正屬於自己的道路。

我看完了《馬雲成功學》，
為什麼還是不成功

偶爾聽到兩個路人這樣的對話：

「哎，你說，我最近天天看某某成功學那本書，我也學著出去擺地攤，然後出去賣東西，結果，這都賣了幾個月了？我怎麼還是沒有一點兒進展呀，還在擺地攤。你說我什麼時候才能發家致富呢？」

「或許時機未到，你再等等。」

「還等什麼呀，我在擺地攤賣東西的這幾個月裡，發現以前我追蹤的一個不太知名的影片創作者，突然爆紅了！幾個月前，他還只有幾百個粉絲，每天做點影片，就是一個素人。現在，人家已經成了一個粉絲20多萬的大咖啦，成網紅了！你說他不就是模仿社群媒體上的那些影片手、段子手嘛，每天寫些段子，拍些搞笑的影片，然後藉此博得大家的關注，結果就成了大咖。為什麼他的模仿就成功了，但是我模仿別人擺地攤卻遲遲沒有成功呢？」

「哎呀，你們兩個選擇的方法都不一樣，成名速度當然也不一樣。

Chapter 4　深陷泥淖，山重水複疑無路

他的發展道路是自媒體創作者，現在多媒體的傳播速度多快呀！如果他影片做得再好點，人的長相也不差的話，那他肯定很快就能紅起來呀。但是你這個，還是走的老路子，學那些大富豪擺地攤起家。你也不想想，現在買東西大家都網路上買，實體店都很少光顧了，誰還在地攤上買！」

「你說的也是啊！難道我也去做個『網紅』？可是我長相很一般，也沒有什麼喜劇天分，那些搞笑的影片也不會做，我也做不了這行啊！唉，我就覺得，什麼書中自有顏如玉，書中自有黃金屋，都是騙人的。你看看市面上的那些書，什麼名字都有，叫什麼『你看完了什麼什麼就成了誰誰』、『誰誰的成功之道』。結果我看完了好多本成功企業家的書，到現在，我不還是一個普通的人。所以說，紅不紅，有錢沒錢，還是看命。」

聽完這兩個人的對話，我很有畫面感地想到了書店、網路上出售的各種成功學書籍，也想起我看過的那些網紅影片。我知道有很多人在羨慕著別人的成功，但我不知道竟然真的有人在模仿這些成功人士當年走過的路。因為我深知，成功是模仿不來的。

時勢造英雄，英雄也造時勢。我們就說馬雲。為什麼同時代的人有那麼多，單單就爆紅了一個馬雲？為什麼我們仔細研究了馬雲的成功之路之後，為什麼我們在透澈分析了當

> 我看完了《馬雲成功學》，為什麼還是不成功

下的條件後，我們還是成為不了馬雲，還是不能成功呢？很簡單，因為你是在模仿別人，而那些成功的人則是原創！

這讓我想起了一句話：「你就是一個空想家！」這句話不是我說的，也不是別人說我的，而是我從一個朋友那裡聽來的。

在十年前，我就聽這位朋友說過，他想要開一家網路商店。但是，因為缺少資金、沒有貨源、沒時間等各式各樣的原因，他的網路商店始終都沒有開起來。直到十年後，我這位朋友依然在嚷嚷著要開一家網路商店。後來，他的妻子看不下去了，就直接說道：「你就是一個空想家！總是想想，卻從不行動。」

我朋友在聽了妻子的話後，頓時不再提這個念頭。後來，一次酒醉，朋友哭了，將這句話說了出來。他哭著說：「我老婆說的沒錯，我就是一個空想家。我要是真在十年前就能下定決心開網路商店的話，只要我能堅持下來，我這家店怎麼也是一個十年老店了，怎麼說規模也不小了。我後悔啊！」

沒錯，我們有很多人都和我這位朋友一樣，只是一個空想家，只會想想，卻從不去做。其中原因，可能是因為年齡太小，覺得什麼都不著急，覺得將來還有大把的時間；可能是因為想法太單純，喜歡做白日夢，日常羨慕一下那些大

Chapter 4　深陷泥淖，山重水複疑無路

咖、成功人士就覺得很滿足了，從來不想著讓自己真正成為他們；可能是因為生活還有很多種選擇，沒有被逼迫到那個份兒上，所以做事從不決絕。

說到底，成功不是掛在嘴邊的一句話，也不是簡單地抄襲和模仿，而是一種自發、自主地主觀創造和創新。就拿我們國內的企業來說，在 20 世紀，很多企業都處於模仿和學習國外企業和品牌的過程中，但是到了 21 世紀，很多企業就進入了一個全新的自主創新時期，擁有了自主品牌，真正從「生產製造」轉變為了「自主創造」。如果這些企業一直在模仿，從沒有想過要超越那些國外大牌企業，「自主創造」也只是一個空口號而已。

所以，我們在迷途中，在不知所措的時候，雖然要看《馬雲成功學》，要模仿馬雲的成功之路，還應該學會思考和創新。思考自己想要達到什麼目標，明白自己追求的是什麼，了解企業家們的思考方式、行為習慣，如此才能制定詳細的計畫，才知道自己走哪條路子比較合適。

同時，我們要注意，在追求成功的路途中，肯定會遇到很多坎坷和波折，會有各式各樣的麻煩，這都需要我們堅定自己的毅力，昂揚自己的鬥志，能夠不停地做好與「惡龍」對抗的準備，才能披荊斬棘，成為他們，超越他們！

命運相似的人那麼多，
哪個才是我的知己

那一天的秋夜，蕭蕭瑟瑟，落葉繽紛。一位詩人懷著愁悶的心情，來到江邊送友人離開。在江邊等船時，這位詩人聽到江上的另一條船中傳來一陣琵琶聲，聽這琴音、曲調，像是京城長安那邊的曲子。於是，這個詩人就上前詢問，得知彈琵琶的女子本是長安的一名藝人，後來因為年紀大了，就嫁給了一個商人。

或許是秋天這個季節在作怪，或許是詩人的心情不太好，或許是這個琴音過於婉轉、動聽，他又讓女子彈奏了一曲。結果，女子在彈完一曲琵琶後，琴音不復剛才的輕快，竟然有些悶悶不樂。原來，女子是想起了自己少年時期那些歡樂的往事，對比當下漂泊不定的江湖生活，感到有些難受。

這名詩人聽女子說完後，不由得想到了自己的生活，感覺與女子很像，都是在世間輾轉流浪，不得不隨遇而安，自得其樂。詩人被女子所說的話觸動，有感而發，寫下了「同是天涯淪落人，相逢何必曾相識」的經典名句！

看到這裡，大家都知道這位詩人是誰了！他就是唐代的

Chapter 4　深陷泥淖，山重水複疑無路

現實主義詩人白居易，而他寫出的這兩句詩可以說是道盡了天下所有互為知音人的心聲。

然而有些人卻在發問，同是天涯淪落人，為什麼其他人都能找到他們的知音，自己卻在眾多相似的人裡面，始終找不到自己的知音呢？原因很簡單，就是這樣的人一直對自己沒有一個明確的定位和認知，而且對他人的理解也不夠精準。

一諾就是這樣的人。自從他讀完了伯牙和鍾子期的故事之後，就一直想找一個獨屬於自己的知己。一諾認為，「知己」就是指那些和自己愛好一樣、興趣一樣、什麼都一樣的人，不用自己說話也能理解自己意思的人。所以，他也一直在找這樣的人。

由於一諾很喜歡吃超麻超辣的食物，因此，當他住校後，看到同宿舍的一個人和他一樣，也喜歡吃超麻超辣的東西後，他就認為他們兩個人有著同樣的飲食愛好，那麼一諾就想當然地認為他們兩個的其他方面也應該是相同的，所以，一諾就有心將這個人發展為自己的知己。

但是，當一諾興高采烈地跟他探討了自己喜歡的電影、愛好的音樂以及自己支持的球隊後，一諾發現這個人和自己的喜好真的是相隔太遠。先不說兩個人喜歡不同類型的電影和音樂了，單單兩個人支持的球隊就不一樣！在觀看比賽的

> 命運相似的人那麼多,哪個才是我的知己

時候,兩個人差點因為各自支持的球隊大打出手。

冷靜下來,一諾就想,這個人不是知己,那我可以再找其他人。於是,一諾就把目標轉向了與自己喜歡一個球隊的球友。在與球友聊天的過程中,一諾發現這個球友和自己的家庭背景、飲食習慣、興趣愛好都很相似。這讓一諾覺得十分開心,以為自己費盡千辛萬苦終於找到了知己。

結果,等大學畢業後,兩個人要開始工作、創業了,他們才發現彼此的人生觀和價值觀完全不一樣,並且是截然相反的。就是說,一諾想過的人生正好是球友非常討厭的,而球友想過的人生則是一諾十分厭惡的。這一發現讓一諾感到十分失望,於是他就慢慢地不再和這個球友聯繫了。

接連的尋找知己都失敗了,一諾也沒有精力繼續在現實世界中找了。一諾就想;我在現實中找不到,但是影視劇、文學作品中的人物那麼多,我總能找到我的知己吧。就這樣,一諾轉而投入了虛擬世界,計劃在那些虛構的故事中找到自己的知己。可是,不管一諾怎麼尋找,他發現這些影視作品中的人物也只有一小部分,和自己比較相似,但還是有其他地方與自己不太一樣,也有讓一諾不太滿意的地方。一諾就不明白了,自己為什麼就找不到人生中的知己呢?

其實,一諾不是找不到知己,而是不明白「知己」的意思。所謂「知己」,並不是指那些吃喝拉撒睡都要與我們步

Chapter 4　深陷泥淖，山重水複疑無路

調一致的人，而是指那些非常了解我們，能與我們心靈相通的人。

如果我們把自己比喻成一把劍的話，那麼知己就是劍鞘，能夠在利劍鋒芒畢露之後，有一個好好休憩的地方。當一個人跌倒受傷了，路人可能會把你扶起來，可能會幫你止血療傷，但是，心受傷時，只有知己能發現，能給予幫助。說白了，知己更像是另一半的自己，能夠與自己互補、互相成全。

那麼，我們怎麼知道對方能了解我們、與我們互相補全呢？那就需要我們先自己了解自己。要想了解自己，我們就需要在那麼多與我們相似的人中間，找出他們身上與我們相似的地方，然後我們再一一分析，從而就會發現真正的自己是什麼樣的。這個時候，我們要找個與自己相配的知己就不會像是大海撈針那麼難了。

當然，找到知己也沒有那麼簡單。這是一種不能言說的感覺，也是人生中可遇不可求的幸運之事。如果我們有幸找到自己的知己，那隻能說是幸運之神的眷顧。如果我們一直都找不到，那也不要強求，還是要認真過好自己的一生。

「從來如此」便是對的嗎

作家魯迅曾經發問:「從來如此,便是對的嗎?」

我也想問:「人類自模仿而逐漸強大,但模仿就一定是好的嗎?」當然不是!

可能很多人都覺得,從猿猴到人類,再到現在,人類之所以會發展,是因為人類有強大的模仿能力,能模仿世間萬物的狀態和特點,因此發明了那麼多東西。但是,**任何事情都有它的兩面性,會有好的一面,也會有不好的一面。**

同樣地,我們在模仿別人的時候,也是有好有壞的。也許,我們能從中找到自己的前進方向,也許能給自己的心靈一點慰藉,也許能讓自己不再一個人孤軍奮戰、不再覺得那麼辛苦了。但是,**在我們享受著好處的時候,這其中一定會有其他不好的方面正在萌發。**只不過有些問題我們還沒有察覺到而已。

可能有人會說,那還是有很多人因為模仿別人而成功了呀。至少,他們也算是小有成就吧!比如說藝人賀剛,曾經因為模仿劉德華而出道,結果自己不是也拍了一些電視劇嗎?這樣總比他籍籍無名、一無所成要好多了吧?還有藝人歐弟,剛開始就是以模仿「四大天王」而成名,現在能成為優

Chapter 4　深陷泥淖，山重水複疑無路

秀主持人，也與他當年的模仿脫不了關係吧？

但是，模仿明星的人有很多，並不是個個都像他們一樣成功了的，還有很多人沉迷在他人的影子中，走不回現實，也做不成自己。

小龍因為側臉酷似某個歌星，就去參加了一場模仿秀，自此之後小有名氣，經常有些小公司來找他做商演，也會有人來找他簽名。小龍從此就陷入了模仿這位歌星的陰影中走不出來，走到哪裡，感覺都有人在拍他，於是，小龍的偶像包袱越來越重，商演的價格也越來越貴。但是，小龍只是長得像那個歌星，嗓音卻不像，唱歌也很一般，沒什麼演唱技巧，就是KTV水準。慢慢地，等過了模仿熱潮，關注小龍的人少了，來找他做商演的人也少了很多。到最後，偶爾有人來找小龍簽名還是因為個別粉絲認錯了人，以為小龍就是那個歌星，等到小龍說自己不是那位歌星的時候，那幾個來找他簽名的人就都走了。

其實，看到這裡，我們很容易能明白，小龍的「星途」已經就此黯淡下去了，就是因為他只會模仿，卻不懂得再創造。什麼意思呢？小龍明知道自己模仿的是一個歌星，而他唱歌卻很一般，那麼，他何不用商演的那些錢去好好學習一下怎麼唱歌，或者去學學演戲也行。等到他真正有了實力，再加上神似某歌星當作賣點，說不定會因此成為一個真正的

「從來如此」便是對的嗎

明星,而不是走到哪裡都是別人的影子。

由此可知,成功不是靠模仿而來的。有些人之所以會成功,除了因為模仿了別人的路徑之外,還因為他們懂得創造。如果魯班當年只看見了絲茅草的鋒利,只想著模仿絲茅草製作出一把鋸子,沒有自主能動性和創造性,怎麼會有現在形態各異的鋸子呢?如果歐弟只是在模仿「四大天王」的形態和唱腔,沒有自己的演講能力,他怎麼可能會成為有名的主持人呢?如果人類只想學習鳥兒的飛翔能力,只想要去天空中看看,那只需要發明出飛機就好了,為什麼還要創造出宇宙飛船、太空站呢?

所以說,我們不能因為一直以來大家都這樣做事,或者說大家都這樣認為,我們就認定所做的事情、所認為的觀點就是正確的;我們也不能因為人類生來就有模仿能力,就說一味地模仿一定就是好的。如果是盲目地模仿,只會讓人們陷入模仿的泥淖中,無法自拔。從古至今,人們正是勇於做自己,勇於懷疑,不甘循規蹈矩,才能推動改革的車輪向前,才能出現「江山代有才人出,各領風騷數百年」的局面。

那麼,我們應該怎麼做,才能跳出模仿別人的藩籬,讓自己成功呢?很簡單,就是在模仿別人的時候,要做到挑戰自己,挑戰成規!

我們應該具體問題具體分析,實事求是地發現自己的優

Chapter 4　深陷泥淖，山重水複疑無路

點和缺點，再去模仿別人。在模仿別人的時候，我們不能一味地模仿，而是應該具有義無反顧、勇往直前的勇氣和決心，破除因為模仿別人而落在身上的枷鎖和藩籬，打破模仿別人時留下的影子和桎梏。到時候，我們才能在萬千路徑中，開闢出一條屬於自己的、適合自己的路。就像我們拼拼圖，雖然有很多小而相似的卡片，但是，我們只要找到每一張卡片的特點，將它們一個個挑選出來，就能讓它們回到各自的位置上。

「青山遮不住，畢竟東流去。」不要再相信什麼「從來如此」了，也不要再一味地埋頭模仿別人了，要明白，創新才是破除一切的法寶，才能讓我們不再籠罩在別人的影子下，才能撥雲見日，讓我們重新沐浴陽光。

沒有夢想，你只能在別人的故事裡流淚

沒有夢想，
你只能在別人的故事裡流淚

演員周星馳在電影《少林足球》中一臉認真地說道：「做人如果沒有夢想，跟鹹魚有什麼區別。」

黑人運動領袖馬丁・路德・金恩（Martin Luther King, Jr.）也發表過一個著名的演講〈I have a dream〉，聞名全世界。

為什麼大家都這麼在乎夢想呢？**因為夢想是一雙隱形的翅膀，能帶給人們力量，激勵人們奮發向上，擺脫平庸和低俗；夢想是生命的必需品，一個人如果沒有夢想，和行屍走肉沒有什麼區別；夢想是靈魂的家園，只要有了夢想，我們就知道自己的靈魂應該朝著什麼方向走**……

曾經有一個小男孩，他從小就想做一個音樂家，但是，他的家境非常的窮困，而音樂學習是那些富貴家庭出身的孩子才能擁有的，小男孩的爸媽沒有錢支持他，也不能買鋼琴給他。小男孩並沒有因此而退縮，依然執著地喜愛音樂。沒有鋼琴，他就自己動手，用厚紙板為自己製作了一個黑白色的鋼琴鍵盤，然後他每天都在那個紙做的鋼琴鍵盤上，不停地練習著貝多芬的名曲《命運交響曲》！小男孩想著，他總有一天能夠像貝多芬一樣，成為一個世界著名的音樂家。

Chapter 4　深陷泥淖，山重水複疑無路

就這樣，小男孩不停地在紙鍵盤上練習彈鋼琴，把十個手指頭都磨破了。後來，小男孩竟然開始模仿著那些音樂家，自己作一些曲子出來。漸漸地，有些人開始喜歡小男孩的曲子，並願意出錢來買。就這樣，小男孩用自己賣曲子的錢，為自己買回了一架真的鋼琴。

雖然這架鋼琴只是一架破舊的二手鋼琴，經常發不出聲音，還會跑調，但是小男孩依然非常愛惜它。小男孩自學調音，每天都沉醉在自己的音樂世界裡。有時候，小男孩突然來了靈感，就會廢寢忘食地將曲子記錄下來。儘管小男孩的爸媽不理解他的行為，但也沒有阻止他。

終於，苦盡甘來，等到小男孩20歲的時候，他已經在世界樂壇上聞名遐邇了，且最終成為好萊塢著名的電影音樂創作人。在第67屆奧斯卡的頒獎典禮上，小男孩因為創作了聞名於世的動畫片《獅子王》(The Lion King)的主題曲，獲得了最佳音樂獎！說到這裡，大家就知道這個小男孩是誰了吧？對的，他就是漢斯‧季默(Hans Zimmer)，一個自學成才的音樂大師！

漢斯最後為什麼能獲得成功？是因為他會模仿嗎？當然，這是其中的一點因素，但絕對不是關鍵的因素。能讓他獲得成功的關鍵在於他有自己的夢想，並能為了夢想而努力奮鬥。如果漢斯沒有夢想，只是會模仿別人，那麼，不論他

> 沒有夢想，你只能在別人的故事裡流淚

看了多少別人的故事，不論他模仿了多少個人，他的模仿之路依然是充滿迷茫和未知的，而他也只能是做一個模仿者，或者抄襲者，不會有自己的曲子，不會有自己的成功。

夢想就像一個燈塔一樣，為我們的人生的航道照明，指引著我們前進。在這個過程中，我們可能會感覺到辛苦，可能會覺得十分艱辛，可能會覺得命途多舛，但是我們因為有夢想的存在，知道我們的目標在哪裡，也明白未來的結果是一直握在我們自己的手中的。每個人只要有自己真正的愛好和夢想，並為之奮鬥，就會像漢斯一樣，在命運的白紙上譜寫出一曲屬於自己的鋼琴篇章。

當然，這個「夢想」不一定要多崇高、多偉大，只要是能讓我們有為之奮鬥的目標就可以了。比如在電影《少林足球》中，演員周星馳所說的「夢想」，其實就是給自己一個能夠在困境中堅持下去、活下去、奮鬥下去的理由。而我們之所以要為這個「理由」冠上「夢想」的標籤，是因為人們需要精神力量的支撐，而「夢想」就是這樣一種東西，能夠讓人們減弱痛苦的迷幻藥，能夠在一定程度上刺激人們的神經，讓人們的心更加高遠，讓我們前行的腳步充滿了力量。

夢想對於我們來說，非常重要，有重大意義。大家可以想一下，當一個人身處迷茫惶恐之中，不知道前路在何方的時候，如果有夢想存在，那麼，他就會覺得生活仍有希望，

Chapter 4　深陷泥淖，山重水複疑無路

不能放棄，就會緊緊抓住這個夢想。這個時候，夢想就像是懸崖邊上的一棵樹、沙漠中的一片綠洲，能夠帶給人無限的希望！

由此可知，如果沒有夢想與目標，我們就算看了再多與自身相似的故事，依然找不到成功的路，也只能在別人的故事裡流淚。所以，人生一定要有夢想！這個夢想最後是否會實現也不重要，重要的是追逐夢想的過程。

Chapter 5
我不是你,要找到真正的自我

Chapter 5　我不是你，要找到真正的自我

我可能不是最優秀的，那又怎樣

華人家庭長大的孩子，心中或多或少都會有「爭當第一」的想法，會想要成為同齡人、同行和周邊人當中「最優秀」的那一個，儼然一個個典型的「亞洲小孩」。

「亞洲小孩」之所以會產生這樣的想法，是因為他們從出生開始，甚至有些在還沒有出生的時候，就開始走上了「爭做別人家的孩子」這條坎坷大道──出生前，父母比誰的孩子營養充足；出生後，比誰先學會說話、走路；上學後，比誰成績好、考上了名校；畢業後，比誰工作好、薪水高；工作後，比誰先結婚、對象好；結婚後，比誰先生孩子，比生男生女；等生了孩子，又開始和別人比較孩子⋯⋯如此循環往復，可以說是比較之路永不停歇，子子孫孫無窮盡也。

在這樣的環境中出生、成長，他們被潛移默化地影響著，一個個都想要成為最優秀的人。但是，古人很早就說過，**金無足赤，人無完人**，亞洲父母卻都忘記了這一點，還在一心追逐所謂的「完美」，結果卻是讓自己越來越痛苦，甚至開始懷疑自己，懷疑人生。

從小到大，婷婷就是「別人家的孩子」，學業成績好、個性乖巧，從頂尖大學畢業後，考上了公務員，婷婷父母又幫

> 我可能不是最優秀的，那又怎樣

她買了房子和車子，可謂前景一片光明。然而，讓婷婷父母擔心的是，自己家的寶貝女兒始終嫁不出去。眼看就要三十了，婚姻大事卻八字還沒有一撇！婷婷父母託了很多人，也報名了很多相親網站，想要為婷婷找一位良婿，卻一直沒有成功。

到後來，婷婷父母不得不「迷信」地認為，婷婷嫁不出去是因為「婚姻還沒熟透」，結婚的時機不到。但是，只有婷婷自己明確地知道，她之所以屢次相親都不成功，是因為她的個性非常自卑。婷婷從小就覺得自己不夠優秀，覺得自己很差勁，於是她都不敢多和異性接觸，擔心會讓那些異性看不起；她也不喜歡和別人相處，擔心自己被別人嘲笑。可是，在外人看來，婷婷明明是一個高學歷、有房有車、長相不錯的女孩子，她怎麼會有自卑的念頭呢？這可能與她從小接受的教育有關。

從婷婷記事起，父母就要求她做一個最優秀的人。關於「最優秀」，婷婷的父母下的定義是「別人會的我最優，別人不會的我也要做到優秀」。所以，婷婷的童年就是在各種補習班中度過的，一天24小時都被安排得滿滿的，就連吃飯睡覺也是在加速中進行。婷婷的父母奉行的是「嚴厲教育」，做好了一百次都不一定會誇獎一次，但是，只要有一次沒做好，父母就會給予婷婷嚴厲的批評和打擊，說什麼「你怎麼這麼沒用」、「這麼差勁」，來打擊婷婷的自尊心。

Chapter 5　我不是你，要找到真正的自我

　　後來，婷婷到了青春期。青春期的小女生正是愛美的時候，婷婷也是。於是，她開始要求穿一些漂亮衣服，想要打扮自己，結果，爸爸直接說她：「你長得那麼醜，有什麼好打扮的。有那點心思和時間還不如好好學習。」媽媽知道後，也說婷婷：「我們本身就不是長得好看的人，比不上那些漂亮女生，所以你只需要好好學習、好好讀書就行了。」就這樣，在婷婷的認知中，她是很醜的。

　　直到上了大學，婷婷在室友的影響下，才開始化妝，她也發現自己並沒有那麼醜。後來，婷婷無意間接觸了心理學，她終於知道自己的問題在哪裡。不過，由於這些問題是從小就開始產生的，短時間之內也解決不掉，所以婷婷只能一邊成長，一邊把自己從父母的「完美陰影」中拽出來。

　　看完婷婷的故事，可能大家會覺得婷婷很慘，從小被父母這麼對待。其實，在國內，像婷婷這樣的情況還有很多，被籠罩在「完美」的陰影下。其實，我們是人，人無完人，要「完美」幹什麼？我們應該嘗試接受自己的不完美。就是說，我們可能不是最優秀的，但是那又怎麼樣呢？有什麼關係呢？

　　生活中，我們總是表揚不服輸的人，總是稱讚那些能夠不斷超越自我的人，總是誇獎那些不斷完善自己的人。當然，這些人在不斷地挑戰困難、戰勝自我，是很好的。可

> 我可能不是最優秀的，那又怎樣

是，有些人卻走了極端，一定要做到最好、最優秀。如果沒有達到最優秀，他們就不開心、不舒服，甚至走上了偏執這條路。因此，我覺得，**我們在恰當的時候，是要學會認輸的，要承認自己是有局限性的，要嘗試著接受自己不是最優秀的事實**。這種承認，不是說自己就膽小怯懦了，也不是對生活沒有追求了，而是在放過自己，不緊逼自己，不讓自己那麼痛苦。

就像作家石田衣良寫的那本《孤獨小說家》一樣，書裡的主角耕平在閱讀了當下的年輕作家寫的小說之後，覺得他們寫的都比自己好，於是他一度非常憂鬱，感覺自己永遠也比不上這些年輕人了。那耕平要怎麼辦呢？從此再也不寫書了嗎？不是。耕平發現，自己還是很熱愛寫作的，而且寫作也是他賴以生存的技能，所以，哪怕永遠也不像別人寫得那麼好，他也要繼續寫。耕平覺得，他可以先把自己的事情做好，再想其他。就這樣，耕平走出了憂鬱，依舊慢條斯理地按照自己的思路創作。

所以，當我們發現自己沒有別人那麼優秀的時候，與其為此憂鬱，還不如調整一下自己的目標，把「做最優秀的人」調整為「做最好的自己」，讓自己一步一步變得更加優秀，成為更好的自己。

Chapter 5　我不是你，要找到真正的自我

可以不優秀，不能不努力

遠在異地的好友筱筱打視訊過來，一臉憂愁地說道：「親愛的，姐姐我最近好煩啊！」

「呀！這是怎麼了？誰招惹我們筱筱寶貝了？我幫你揍他。」

「也沒有誰招惹我，我就是最近什麼都感覺不開心，覺得很煩。我也不知道自己怎麼了。」

聽到這裡，我就明白了，原來筱筱這是「間歇性憂鬱」啊！

可是，在我印象中，筱筱是一個沒心沒肺的人，她總是非常樂觀，怎麼會憂鬱呢？我詳細問了她，才知道，她之所以憂鬱，是因為被大家口中的「別人」刺激到了。與這個人接觸後，筱筱突然發現了自己的不優秀，這讓她有點難過，有點不開心。

聽到這裡，我就開始幫筱筱分析她為什麼不開心。開始詳細說明筱筱與那個人的差距，以及那個人的優缺點是什麼。說到最後，筱筱發現，她確實沒有那個人優秀，但是這還不是讓她最難過的點。讓筱筱更難過的是，對方是一個比她自己還要努力的人。聊到最後，我只能告訴筱筱：「有時

> 可以不優秀，不能不努力

候，我們雖然不優秀，但是，我們都得努力，甚至要更加努力，讓自己變得更好。」

確實如此，我們可以不做最優秀的人，但不能不努力。可能有人會覺得，我在公然提倡做一個「不優秀的人」，是不是太消極了？其實不是，我只是覺得，我們關於「最優秀」是很難定義的。如果說考試第一名就是最優秀，那是全校第一優秀，還是全市第一優秀？或者是全國第一、全世界第一優秀？就像有些人在他們市、他們學校是第一名，可是到了全國，到了一個更大的環境中，他會發現身邊有一群比他更優秀、更有天分的人，這個時候，他就從「最優秀」變成了一個弱者？

退一萬步講，如果一個人的成績真的是全世界第一，那萬一這個人的總成績是第一，而其中有一科的成績卻不是呢？所以說，最優秀是說不準的，這是一個相對的東西，不是絕對的。此刻的優秀如果放在另外一個環境裡，可能就是平庸了；反之，一個資質平平的人也可能變得耀眼奪目。

我們說的這些還只是就學習這一方面來舉的例子，更別提生活中的其他方面了。所以說，要想做到最優秀是非常難的，而且也沒有一個具體的標準。但是，我們付出努力是有成效的，是可以看見成果的。**在我們努力的過程中，我們可以讓每一天的自己都比昨天更加的優秀，我們可以成為最好**

Chapter 5　我不是你,要找到真正的自我

的自己。這才是我們做任何一件事的最終意義。

當然,我們可以接受自己的不優秀,但一定不要不努力。因為不論是那些比我們優秀的人,還是不如我們優秀的人,他們都在努力。

如果我們停滯不前,就會被這些人超越,會變得很糟糕。

青青是一個都會城市長大的女生,從小嬌生慣養,覺得自己什麼都很棒。她在上大學的時候,宿舍裡有一個名叫小草的農村女生。小草因為從小在偏鄉城鎮長大,看起來有點土氣。為此,青青一直嘲笑她。但是小草卻不放在心上,依然大大咧咧。

每一次遇到陌生人,小草與他們聊一會天,就能變成朋友。因此,小草在學校的人緣很好。小草雖然從沒太多才藝,國語也不夠標準,總是前後鼻音不分,但這都沒有打消她的積極性,她依然能和別人聊天,聊得不亦樂乎。青青就不一樣了,仗著自己是都市人,為人高傲,不怎麼和大家交往,所以她的朋友比較少。

後來,青青和小草一起參加了一個詩朗誦社團。在校慶的時候,社團要出節目,就讓每個社員準備一下,打算從中間選一個優秀社員去參加。青青的發音很標準,外形也不錯,她覺得這次肯定就是自己去參加校慶了,所以沒怎麼準備。而小草就不一樣了,她不想放棄這次機會,但是她口條

可以不優秀，不能不努力

又很普通，於是她每天一大早，就去操場上練習、背誦，還一遍遍地錄自己的聲音，反覆聽自己的朗誦，看哪裡有問題。最後，在選拔比賽中，小草以一票之差勝過青青，代表社團去參加校慶。

青青始終不明白，這個口條不好、土裡土氣的小草，是怎麼贏過她的。其實，看完這個故事的我們都知道，青青和小草的故事就像「龜兔賽跑」一樣。青青就是那隻驕傲的兔子，而小草就像那隻先天條件比較落後的烏龜。青青覺得自己有條件，就可以放鬆，可以不努力，最終被落後的小草趕超。

人生的路雖然很長，但關鍵的節點也就那麼幾個。我們永遠都不知道前面等待自己的是怎樣的跌宕起伏，而且每一個節點都不一定能像我們想像中度過得那麼順利，最終結果也不一定會讓我們滿意。但是，我們還是要不斷努力，才能不斷地向前走。如果我們因為自己不夠優秀，因為自己沒有達到我們想要的高度就停止了努力、放棄了打拚，那麼，我們終將還會失去我們曾經擁有的一切。

就像社群媒體上曾爆紅的一句話——「**你不優秀不可怕，可怕的是，比你優秀的人還比你努力。**」事實就是如此。如果比我們優秀的人還在努力，那麼，原本就不優秀的我們又怎麼能放棄努力呢？不然的話，我們怎麼成功逆襲，怎麼

Chapter 5　我不是你，要找到真正的自我

走上人生巔峰，怎麼帶給我們愛的人幸福呢？所以，與其羨慕那些優秀的人，我們不如去欣賞那些原本不優秀卻懂得努力的人，同時，也讓自己變成那樣的人，才能讓自己破繭成蝶。

不要再做「好人」，
這只會讓你痛苦

辛苦了好幾個小時，我終於將手中的活忙完。一看時間，哇，都九點了！想著自己還沒吃晚飯，就下樓去吃飯。

到了自己經常吃飯的那家小飯館，點上一份自己愛吃的紅燒肉飯，真是令人身心愉悅！

正吃著，店裡又進來兩個人。這個點還來吃正餐的人可不多，我不由得多看了他們兩眼。

從這兩人的衣著打扮中不難猜出來他們的職業──程式設計師。果然，兩人坐下後的聊天內容證明我猜對了。

只聽那個一臉和善、身體稍微有些圓潤的人抱怨道：「你說，公司那些人怎麼都使喚我啊？『老人』們使喚我也就算了，有些剛來公司上班的新人，也叫我做這做那。一天下來，我自己的工作都沒完成多少，只好靠加班來完成任務。這樣天天加班，好累啊！」

「活該！早就跟你說了一百遍了，不要再做『濫好人』了。那句話怎麼說來著，『人善被人欺，馬善被人騎』。」與小胖同行的大高個說道。

Chapter 5　我不是你，要找到真正的自我

「可是別人來找我幫忙，肯定是有難言之隱啊，而且他們都開口了，我拒絕的話他們得多傷心。」

「呵呵，你這個傻子，你想多了！他們來找你幫忙可不是有什麼難言之隱，而是看你好欺負，想占你便宜。」

「不會吧？」

「怎麼不會呀？就那誰，他說他上次生病了，想早點下班回家休息，讓你接手了他的工作。結果，我在酒吧就看見他了。看他那樣子，可不像是生病的人。所以說，大家就是看你好欺負。」

「大家為什麼會這樣呢？我是真的需要幫助了，才會向別人求救的。曾經我找一個前輩幫忙，我好不容易鼓起勇氣開口了，結果那個前輩說自己忙，我只好再去找別人。因為我被人拒絕過，我嘗過那種不好受的滋味，所以，我就想，別人來找我幫忙的話，我能幫就盡量幫。」

「因為你傻啊，就你是個『好人』，那大家可不抓著你欺負嘛！」聽到這裡，我也深表同意。有很多人只想做「好人」，不敢或不能拒絕別人的無理要求，最後只能為難自己，讓自己痛苦。作家王小波說得很對，**人的一切痛苦，本質上都是對自己無能的一種憤怒**。那麼，什麼人是無能的呢？主要有兩種：

一種是不能承擔自己的責任，希望別人為自己買單。比

> 不要再做「好人」,這只會讓你痛苦

如說有些做媽媽的會埋怨孩子不爭氣,不然就怎麼怎麼樣。還有一種「無能」是下意識地承擔別人的責任,為別人買單。比如說,有些人走在馬路上,被別人撞了一下,別人沒說什麼,他反而主動道歉:「對不起!怪我沒有先躲開。」

可能有些人會覺得,第二種人明明在幫助別人承擔責任,這說明他們更有能力啊!怎麼能說他們是「無能」呢?非也非也!第二種人看似把別人的責任攬在了自己身上,其實是因為他們不能拒絕別人。說白了,這樣的濫好人其實是變相的軟弱,他們沒有拒絕別人的能力,為人處世非常無能,所以只好委屈自己,做一個「濫好人」,為別人「填坑」、買單,讓自己痛苦。

這些「濫好人」其實更像狼狽為奸中的「狽」,依靠著狼才能行動,否則寸步難行。如果你讓這些濫好人不做「好人」,讓他們狠下心來拒絕別人,他們可能會有一堆推辭:「他們來找我幫忙,不幫不好吧?」、「我不好意思直接拒絕他們呀!」、「這樣直接拒絕會不會得罪人?」、「有沒有既可以拒絕他們又不得罪人的法子?」看到沒,他們狠不下心來拒絕,幫助別人又心不甘情不願的,所以只能抱怨、埋怨。對於他們這樣的人而言,他們是無法體會到真正的快樂,只能徒增更多的煩惱而已。

那麼,這些「濫好人」是因何而來的呢?這些「濫好人」

Chapter 5　我不是你，要找到真正的自我

是怎麼產生的呢？根源在於他們沒有接納自己、愛上自己。他們中的有些人會覺得，自己的存在可能是一個錯誤，他們認為自己是導致很多問題產生的根源，所以，他們總會下意識地去承擔別人的責任，想要證明自己的存在不是錯誤，自己不是多餘的，而是有用的。然而，在幫助別人的過程中，他們可能接下了超過自己能力的任務，當他們做不完成任務的時候，他們只能更加痛苦，更加否定自己，認為自己是無能的。於是，他們的人生因此而衍生出了更多的痛苦和悲劇。

除去習慣為別人承擔責任外，這些「濫好人」還有一個特點，那就是他們常常不敢甚至不會表達自己的需求，他們只會習慣性地承擔責任，習慣了去包容其他人、為他人著想，卻從不想去找別人幫忙，就害怕「麻煩別人」，害怕別人把自己當成一個麻煩。

表面上，他們是一個不會拒絕別人的「好人」，實際上，因為他們的表達和需求得不到釋放，他們只能把憤怒、不甘、痛苦嚥進自己的肚子裡，只能讓這些負面情緒來攻擊真正的自我。在這種攻擊下，很多「好人」只會更加否定自己。同時，他們又怕如此不堪的自己被別人看到，於是愈加隱瞞。就這樣，他們越來越隱藏真實的自己。

既然我們知道了做「好人」是這麼痛苦，那麼，我們何

> 不要再做「好人」，這只會讓你痛苦

不放棄做好人，讓自己輕鬆一點呢？有些人可能會說我說得容易。確實如此，很多事情，都是說起來容易，做起來難。可能大多數人都沒有勇氣說出「這和我沒有關係，這是你自己的事」這樣的話，但是，我們還是要有這個意識，要明學會分清哪些是自己的責任，哪些是別人的責任。有了責任意識，才能讓我們明確做自己責任內的事情，別人的事情讓他們自己去做。慢慢地，我們就會愛自己，會逐漸成為一個獨立、成熟、完整的個體！

Chapter 5　我不是你,要找到真正的自我

掌握了自己,就能掌握命運

在所有成語中,我一直覺得有兩個成語非常有意思,那就是「人定勝天」和「聽天由命」。

為什麼說這兩個成語很有意思呢?因為這兩個成語恰好表明了截然不同的人生——有的人認為人定勝天,於是他們的一生都在不斷打拚與不斷挑戰中度過;有的人認為人是勝不了天的,所以他們一遇到挫折、磨難就認為「這就是命」,放棄了抵抗與掙扎,一生都聽天由命。

你呢?

你是人定勝天,還是聽天由命?

想必這個問題和莎士比亞提出來的「生存還是死亡」同樣難解。或許,當我們到了人生的最後那一刻,才有可能回答出這個問題。但我卻覺得,**不管是人定勝天,還是聽天由命,最重要的都是需要我們掌握自己!**

人為什麼要掌握自己呢?因為我們要掌握自己的命運。

很多人經常感嘆命運不公,說自己怎麼這麼倒楣,不像有些人一出生就是富貴家,也不像有些人天生貌美,更不像有些人能得貴人相助。但是,殊不知,命運是可以由自己掌握的。

> 掌握了自己，就能掌握命運

我們都知道秦朝的丞相李斯名滿天下，可是，大家知道嗎？他出身貧寒，在 26 歲之前，只是楚國上蔡郡府裡的一個小吏，負責看守糧倉。這樣的工作單調無趣，如果他不做出改變的話，是可以一眼望到頭的。

然而，有一天，李斯去上廁所，在廁所看到了一群老鼠。因為李斯上廁所，這群在廁所安身的老鼠個個嚇得全身哆嗦，四處亂竄。李斯看著它們瘦小的身軀、灰暗的毛髮，覺得這些老鼠噁心極了，怪不得人人都要打老鼠。

等李斯回到糧倉，巧得很，他又看到一些生活在糧倉的老鼠。這些老鼠看起來個個肥碩、毛光皮滑，一看平常吃得就很好，風吹不著雨淋不著。更重要的是，這些老鼠看見李斯也沒有躲閃，依然在逍遙自在地吃東西。

對比前後兩次看見的老鼠，李斯就想：「人生如鼠，不在糧倉就在廁所。因為位置不同，這兩者的命運也不同。難道我一直要做一個糧倉小吏嗎？如果我一直繼續在這個小小的縣城做著默默無聞的糧倉看管，就會像廁所裡的老鼠一樣，永無出頭之日。」於是，突然醒悟的李斯就跑去找荀子求學，跟荀子學習帝王之術。在學成之後，李斯在荀子的推薦下，做了楚國宰相春申君的門客。

不久，李斯覺得楚國不值得自己效勞，於是在幾經考量後，千里迢迢地隻身一人來到了秦國。那個時候，正趕上莊

Chapter 5　我不是你，要找到真正的自我

襄王去世，丞相呂不韋正在全方位地網羅優秀人才，於是李斯就成了呂不韋的門客。二十多年後，李斯取代了呂不韋，成為秦國的一代名相！

如果李斯依然像往常一樣，做一個安分的糧倉小吏，他怎麼也不會成為日後的名相的。但是，他偏偏從兩種不同的老鼠身上，看見了不同的命運，所以他才不甘平庸，自己發揮自主能動性，開始奮發圖強，最終自己掌握了自己的命運，攻克「天」定的困難。

退一萬步說，有些人就算不想逆天改命，就想要聽天由命，那麼，他還有必要掌握自己嗎？當然有！儘管這些人認為命運是天注定的，不想再拚盡全力與命運抗爭，以免到最後什麼都落空。但是，古語有云：「**命由天定，運由己生。**」什麼意思呢？就是說，一個人的命可能是天生注定的，但是他的運勢卻是可以改變的。

小敬生在一個木匠家庭，他的曾爺爺、爺爺、爸爸都是木匠，小敬一出生，全家人就開始培養他，讓他長大後做一個木匠。或許在全家都是木匠的氛圍和教育下，小敬也認為自己生來就是要做一個木匠的。

然而，就在小敬小學六年級的時候，他因為考試得了全校第一名，學校獎勵他一本世界地圖。小敬很高興，也很喜歡這本世界地圖，沒事就翻翻看看。小敬這才知道，原來地

> 掌握了自己，就能掌握命運

球是圓的，在他所在的小鎮之外，還有更廣闊的世界。小敬就萌生了去外面的世界看看的念頭，想去看看地球另一端的埃及金字塔。

有一次，爸爸讓小敬畫一張圖紙來，想看看小敬的學習成果怎麼樣。小敬很快就畫好了一張，交給了爸爸。爸爸在檢查的時候，小敬就翻開那本世界地圖看。結果，這次交的圖紙上有一個很明顯的錯誤，而這個錯誤爸爸之前還特意強調過，但小敬還是畫錯了。這讓爸爸非常生氣。爸爸拿著圖紙來找小敬，看到小敬又在看世界地圖，頓時更加生氣了，直接抽走了小敬的地圖，怒吼道：「你每天都在幹嘛！看看你畫的這張圖，這麼明顯的錯誤你為什麼會犯！」

小敬看到圖紙上的那個錯誤，也知道是自己錯了，於是主動承認錯誤：「對不起，爸爸，我沒看清楚。」

「沒看清楚，為什麼沒看清楚？還不是因為你不專心，天天看這本破地圖！有什麼好看的！」

「爸爸，我將來想要去埃及看金字塔，去南極看一看企鵝……」

「看什麼看！我跟你說，你這輩子就是一個木匠，怎麼也不可能去那麼遠的地方！」

爸爸說完就走了。小敬卻將爸爸的這句話留在了心裡，他不懂，他為什麼必須要做一個木匠。難道他真的一輩子也

Chapter 5　我不是你，要找到真正的自我

不會到埃及這些地方嗎？抱著這樣的念頭，小敬開始悄悄抵抗爸爸。他雖然還是會好好畫圖紙、學做木匠活，但是他也更加努力學習了，為了走出小鎮而努力。

十多年後，小敬沒能像爸爸和全家人期望的那樣成為一名木匠，而是成了一個自由攝影師，扛著照相機走了很多地方。後來，小敬去了埃及拍了太陽底下的金字塔，然後寄給爸爸。照片後面寫道：「爸爸，這是我在金字塔照的相。你說我永遠也不可能到這樣遠的地方，但我做到了！」

看到小敬的故事，我們能知道，只要不把自己的命運交給別人或老天，只要能自己掌握自己，那麼，我們就能演繹出令自己滿意的人生。在這個過程中，我們必須要有一個沉著而堅定的信念，需要調整自己的心態去進行創造和改變，需要勇敢而執著地對抗一切阻力，如此我們才能夠自己掌握自己的命運！

不僅要經濟獨立，更要精神獨立

　　國學大師王國維說人生有三大境界，分別是「昨夜西風凋碧樹。獨上高樓，望盡天涯路」的第一境，「衣帶漸寬終不悔，為伊消得人憔悴」的第二境和「眾裡尋他千百度，驀然回首，那人卻在燈火闌珊處」的第三境，描述了人生「立」、「守」、「得」的三個狀態。但是，王國維先生的這三個境界都太高了，是指人們在做學問的境界，不是做人的境界。那麼，什麼是「做人的境界」呢？我認為也有三個層次。**身為一個人，最好的狀態是經濟和精神都很獨立；次一級的狀態是精神獨立；最差的也要經濟獨立！不然，不足以稱為「人」！**

　　大家不要以為我在危言聳聽，也不要覺得我說得過於絕對。因為，生活告訴我們，人就是應該獨立的。

　　素素今年 32 歲了，但她在走了很多冤枉路，踏破很多雙鞋子後，才領悟到「做人要獨立」這個道理。

　　素素從小就很聽話，是父母的乖乖女。大學畢業後，又聽從爸爸媽媽的話，從不早戀的她，又在安排下，去參加了相親會。在相親會上，認識了兩個感覺還不錯的男孩子。後來，素素的父母在見過這兩個男孩子後，又綜合考慮他們的工作、家庭、人品等條件，最終選擇了其中一個。就這樣，

Chapter 5　我不是你，要找到真正的自我

在父母的「建議」下，22 歲的素素和父母相中的那個男孩結婚了。

在結婚時就說好了，素素在家相夫教子，素素的丈夫負責賺錢養家。結婚後第二年，素素就生下了一個男孩。但是，書中寫到的夫妻相敬如賓、相互扶持、彼此信任與理解的婚姻生活沒有出現，丈夫的真面目逐漸暴露出來。

素素的丈夫有家暴傾向，和素素爭執起來，有時候會動手。在第一次動手的時候，素素就抱著孩子，哭著回娘家了。當素素說丈夫家暴時，素素的父親就找了家裡的幾個親戚，一起去嚇唬了素素的丈夫一通。素素的丈夫安分了一段時間，結果，在一次賭錢輸了後，因為心情不好，又對素素大打出手，還說素素「吃他的花他的」，卻手臂往外彎，去父母那裡告狀。

這次素素被打得很嚴重，她好幾天都不敢出門，也不敢再次告訴父母。也是因為這次，素素萌發了離婚的念頭。她將自己的想法告訴了父母，結果父母極力反對，他們是這樣勸素素的：「素素，你離婚了孩子怎麼辦？你要自己帶孩子的話，吃飯上學哪一項不得花錢？你說你去賺錢，你以為那麼容易呀？從小到大，你都沒有受過苦，現在又何必要離婚遭罪呢？再說了，你離婚後就是二婚了，還怎麼嫁出去？」

素素覺得父母說的也有道理，她從來沒有工作過，也不

> 不僅要經濟獨立，更要精神獨立

敢出去找工作，而且，她也捨不得孩子，於是就忍受了下來。然而，素素的忍耐讓丈夫變本加厲，出手一次比一次狠，素素十分害怕，經常帶著孩子躲丈夫。丈夫在家，她就為丈夫準備好吃的，自己和孩子待在一個小房間不出來。

就這麼過了幾年，在這期間，素素發現丈夫出軌、找小三，她都化身「忍者」，忍耐了下來。可是，就在最近一次，丈夫發怒打她的時候，殃及了旁邊的孩子，將孩子的右耳打得失聰了！素素這次忍無可忍，不顧父母的勸阻，一心要離婚。可是，真離婚的時候，她才發現自己一竅不通。找來律師，律師說她沒有工作過，沒有收入，是無法在訴訟中爭取撫養孩子的權利的。這個消息對於素素而言是一個天大的打擊！她這才意識到，經濟因素是多麼的重要！

意識到這一點的素素開始找工作。雖然她是大學學歷，但是她沒有工作經驗，而且年紀也比較大，一時之間，很難找到工作。但素素一想到孩子要跟著那個「惡魔」丈夫生活，就又堅定了信念，於是她四處求人，想讓他們幫她找一個工作。最後，她在父親的一個好友的介紹下，在一家商場找到了一個業務的工作。

素素雖然有了工作，但是一時之間，她還是很難適應一個人的生活，不論是在工作上還是在生活上，她都會不由自主地想尋找別人的幫助，想要讓別人來幫她。直到有一次，

Chapter 5　我不是你，要找到真正的自我

　　素素因為工作的問題，又去找一個老員工求助，而那個老員工因為很忙，素素求助他的問題又過於簡單，於是，老員工直接對素素說：「你就不能獨立一點嗎？這個問題這麼簡單，你自己不會處理嗎？」

　　至此，素素才意識到，她太不獨立了──不僅經濟上不獨立，連精神上也不獨立。素素這才開始思考自己的人生，她從小聽父母的話，結婚後聽丈夫的話，沒有一點自主權，導致她從來都沒有過「獨立」的念頭和意識。可是，身為一個人，怎麼能不獨立呢？不然的話，她和那些被人當作寵物的貓貓狗狗有什麼區別？

　　從這之後，素素開始嘗試獨立生活。她不再盲目聽從父母的一些「為你好」的建議，而是認真思考他人的建議對自己而言是不是真的是最好的；她開始思考工作上的問題，探討怎樣工作才是最高效的；她開始思考自己的這段婚姻，總結哪裡出了問題，以及孩子將來的教育問題⋯⋯

　　士別三日，當刮目相看。很多許久不見素素的人再見到她，都感覺她「活」了過來，比之前任何時候的她都要有活力，都要積極地生活。當別人問起素素為什麼看起來年輕這麼多的時候，素素笑著回道：「因為我明白了獨立的重要性。」

　　我們可以觀察身邊的人，不論男女老少，只要是一個經

> 不僅要經濟獨立，更要精神獨立

濟獨立、精神獨立的人，他們身上都具有一種不同尋常的氣質，能夠散發出一種令人敬佩的氣場。因為他們精神獨立，他們足夠強，所以他們才會提出令人信服的建議，他們說的才有人聽。

至於為什麼說做人首先要經濟獨立，再談精神獨立。是因為經濟基礎決定上層建築，一個人如果經濟都沒有獨立，仰仗著別人給的生活費過活，他怎麼可能會有獨立意識呢？又怎麼可能精神獨立呢？

像我有一個朋友，由於馬上要畢業了，對未來一片迷茫。於是她來問我，是工作還是出國留學？她想要出國留學，覺得家裡的條件完全可以支持她，但是她的父母卻以她是獨生女的原因，不讓她出國，說在國內可以為她找一份很好的工作。為此，她的父母還「威脅」她，如果出國就斷了她的生活費。這個朋友就來找我哭訴，說自己的父母太固執，一點都不理解她。

其實，我很理解這個朋友的想法。她之所以會有這樣的困惑，就是因為她不獨立。而她既想要精神獨立，還想要經濟上依附父母。她覺得自己出國就可以撐起一片天，卻忘了她在國內的天還是由父母撐起來的；她覺得長大了就應該擁有自己的世界，就可以擁有獨立的自我，但她卻不知道，擁有這一切的前提是靠自己賺下來。而且，我這個朋友的父

Chapter 5　我不是你，要找到真正的自我

母之所以不支持她出國，不是經濟上的原因，而是不相信她——不相信她能照顧好自己，不相信她能在國外生活得很好，不相信她一個人能夠獨立。

　　一個人只有**經濟獨立**了，才能保證**精神**上的**自由**；而一個人只有**精神自由**，才能讓**經濟**更加**獨立**。所以說，我們不要想著不勞而獲，也不要埋怨別人不夠支持和理解自己，而是應該將自己的實力拿出來，自己去爭得這份理解和支持。

你痛苦，因為你不能滿足自己

在高中和大學，我很喜歡去書店逛，也總能挖到一兩本自己喜歡的小說。可是，自從畢業後，或許是因為編輯這個工作的原因，自己的注意力開始變了，總是去留意收銀臺以及各大書店的顯眼位置上擺著的打折促銷、傾情力薦的書籍——大部分都是勵志類書籍。

看看那些書名，全都是「再不××就老了」、「××你的壞脾氣」、「女人不××，人生不××」、「××為什麼不快樂」，等等。說實話，看著這些書名，我壓根沒有翻開閱讀的欲望，更別提有什麼購買的樂趣了。我想，就算我把它們買回家，也只是與灰塵做伴，我是不會多看它們一眼的。

我當時一邊做著這一行的工作，一邊在思考這些書為什麼會有市場，到底是哪些人在購買這些書。直到工作了幾年後，我經歷了人情冷暖、高峰谷底，我才明白大家為什麼會買這些書——因為他們感覺到了不快樂，需要看一些這類的書籍為自己療傷。當然了，這些書中的內容多是心靈勵志的安慰，從文學的角度去看，是沒有什麼含金量的，但是，當人們處於迷茫和谷底中，這些文章卻能慰藉人的心靈，讓他們不那麼痛苦。

Chapter 5　我不是你，要找到真正的自我

那麼，我們就有了一個新的問題：人為什麼會覺得痛苦呢？很簡單，就是因為他們無法滿足自己。**佛說人生有八苦，分別是生、老、病、死、怨憎會、愛別離、求不得、五蘊熾盛之苦。** 其中，最大的痛苦莫過於求不得。

梁武帝在沒有做皇帝時，機緣巧合之下結識過一個非常窮苦的人。後來，他做了皇帝，也早已把這個窮人丟在了腦後。直到有一天，梁武帝帶領侍從在湖裡遊玩，發現一個正在岸上拉船的人就是他以前認識的那個窮人，於是梁武帝就派人將那個人找來敘敘舊。兩個人聊了聊，梁武帝知道這個人還像之前那樣窮困，他覺得自己與這個人相識一場，而自己現在又是皇帝，可以幫助他一下，於是梁武帝說道：「你明天來見我，我讓你當縣令。」

這個人原本的生活雖然貧困，但是他卻十分知足，因為他知道自己的能耐有多大。現如今，乍一聽到梁武帝這樣說，自然欣喜若狂，覺得是天上掉餡餅的好事情。

等到第二天，這人前去見梁武帝了，可是侍從卻告訴這個人，梁武帝在忙，不能見他，讓他改天再來。接下來幾天，這個人連續去了很多次，都因為遇到什麼事情而無法見到梁武帝。這個人就很生氣，覺得是梁武帝在戲耍他。正巧，這個人認識一個僧人，於是他去向這位僧人請教其中的原因。

> 你痛苦，因為你不能滿足自己

這個窮人來到了僧人那裡，向僧人說了這件事情。僧人聽後，說道：「你生氣，是因為你之前從來沒有過這樣的東西，也根本不會有這樣的東西，但是，因為別人許給了你，讓你有了機會，你就會對這個東西產生期盼。有了期盼，你卻遲遲得不到這個東西，慢慢就成了執念，這就是求不得啊！但是，你始終也不會得到縣令這個職位的，你這一輩子都要在求不得中。你知道為什麼嗎？因為在前世，梁武帝是一位齋主，而你寫信答應他，要給他五百錢，結果你始終沒有給他。所以，到了這一世，梁武帝也只是許諾你一個官職，卻讓你始終也得不到這個官職！」

到這時，這個窮人才明白了緣由，也知道自己生氣、痛苦的原因所在。從這之後，他不再想著縣令這個官職了，也不再去找梁武帝了，慢慢地讓自己的生活又回歸到了原先的平靜中。

佛家常說「人生活在迷中」，其實就是這個意思。有很多人像這個窮人一樣，追求一些自己夠不到的東西，反而讓自己更加痛苦。所以，還不如看開一點，順其自然，不要過分執著和強求。要知道，**一切身外之物都是虛幻，我們自己的心靈滿足才是最重要的。**

雖然我們經常說人要少欲少求，但是，一個人是沒有辦法完全隔絕欲望的，也很少有人真正做到清心寡慾，總會被

Chapter 5　我不是你，要找到真正的自我

一些自己執著追求的東西羈絆住。再說了，一個人如果真的無慾無求了，也就沒有生活的念頭和期盼了。所以，我們也不必一味要求自己無慾無求，而是做到知足常樂。

歲月是最美的濾鏡，
終不會虧待你

　　在社交軟體上，看到一個很喜歡拍照的人新發了兩張照片，一張是他小時候的照片，一張是他長大後的樣子。

　　這兩張照片都是同樣的動作和神情，都在笑瞇瞇地抬頭望著。只不過從照片上能看出來，小時候的他生活得不是很好，可能是初次照相，他還有一種羞澀感和緊張感；而現在的他，在自己的努力下，生活得越來越好了，於是就看起來很放鬆、很自在。

　　這個朋友在照片旁邊附字：「**歲月是最美的濾鏡。**」看到照片和這句話，我深受感觸。這讓我想起了歌手周杰倫。網路上有一組關於周杰倫出道到現在的變化圖，我們能清晰地看到，當年那個嘴角朝下的倔強少年，已經變成了一個嘴角微揚的幸福男人。這不禁讓我們想到了周杰倫的經歷，他一開始的音樂不被人看好，但這個倔強的年輕人沒有放棄，一直在堅持做自己的音樂，所以，那個時候的他，嘴角眉梢都寫著「倔強」、「不放棄」。後來，隨著越來越多的人喜歡他的音樂、認可他的音樂，他也有了妻子和兒女，他幸福了，相由心生，他的臉部表情也發生了變化。

Chapter 5　我不是你，要找到真正的自我

　　生活中能夠發現，很多人都是被歲月優待的人，都在慢慢地越來越好，越來越幸福。

　　其實，**歲月就是如此，它是很公平的，不會虧待任何一人**。我們學習到的那些知識、經歷的那些磨難、遇到的那些人和事，終有一天會再回饋我們，變成另外一種東西——或者是力量，或者是氣量，或者是氣質沉澱在我們身上，讓我們成為更好的人。說到這些，我想起了小冰。

　　人們常說「宰相肚裡能撐船」，小冰的肚子裡雖然沒有一條船，但絕對有一個雜貨店。為什麼這樣說呢？因為小冰懂得很多東西和技能，他肚子中的東西，就像哆啦A夢的百寶袋一樣，很多、很雜。但是，之所以說他的肚子裡只是一個雜貨店，是因為他肚子裡的那些東西不像精品店的東西一樣精益求精，而是像電影《赤壁》中諸葛亮常說的那句話一樣，什麼都是「略懂」一些。

　　小冰為什麼會懂得那麼多的東西又只是「略懂」呢？這和他的個性有關。小冰不是一個個性堅定的人，他從小就不像其他小孩子一樣明白自己喜歡什麼、需要什麼，他屬於「隨大流」的人。就是別的小孩去學習什麼，他也跟著去學什麼。所以，小時候的小冰，跟著別人小孩學習過幾年的畫畫，學習過幾年的鋼琴，還學習過吹笛子、打籃球、踢足球等。在學習這些東西的時候，小冰經常是看到別人學了他

也去了,但是堅持不了幾年就又看見了其他的東西,又去學習其他的了。為此,小冰的父母還說他是一個「沒有定性」的人,並且他也從來不是「別人家的孩子」,反而是一個反面教材,是一個意志不堅定的人。因為大家都這樣說,小冰就會覺得自己可能就是這樣,不過幸好他心大,覺得這都無所謂,他只要喜歡這些東西,就去學習就行了。

等到小冰長大後,上了大學,因為大學的閒雜時間多,他無所事事,就跟著宿舍的人考了很多證。其中有些證與他的專業並不相關,但是小冰就想著:「反正也是閒著無聊,那就考考看吧!」於是,等到大學畢業後,小冰收穫很多證書。

找工作時,小冰不知道自己擅長做什麼,而且,履歷上有「興趣愛好」這一欄,小冰想了想,還是不知道自己的興趣愛好是什麼,於是他就把自己學習過的那些東西全都寫上去了,還把獲得的一些獎項、證書也都列了上去。這個時候,小冰才理解了父母說的「沒有定性」是什麼意思,他也覺得自己的履歷寫得這麼亂,那些老闆看了肯定不會選擇他的。但是,讓小冰沒想到的是,他的履歷投出去沒幾天就有好多公司打電話給他,約他出來面試。

面試的時候,小冰才知道,原來自己學的東西還是有用的!有一家公司就是看中小冰的學習能力強、會的東西多,馬上錄取了他。有一次,小冰的同事遇到了一個與工作無關

Chapter 5　我不是你,要找到真正的自我

的難題,而其他同事都沒有接觸過這一方面,不會處理這些事情,小冰發現自己剛好略微懂那麼一點,於是他就自告奮勇,把這件事接了過來。小冰這樣做,讓同事和主管都對他刮目相看,覺得他很厲害,什麼都難不倒他。從此之後,主管對小冰委以重任,同事也經常拉小冰一起參加活動,小冰的地位因此步步高昇,也交到了幾個好朋友。直到這個時候,小冰才明白,歲月沒有虧待他,「略懂」也並不是完全不好,他當初花的那些時間沒有白白浪費,學習的那些東西還是有收穫的。

這種感覺就像是我們看電影、看電視劇一樣。有些人喜歡看影視劇,也經常都是看過、笑過就完了,從來不會想到這些影視劇會帶給他們什麼。甚至有些人覺得這些影視劇就是肥皂劇,除了能幫助人們打發一下無聊的時間,什麼用都沒有。其實,不是這樣的。很多人會發現,在這些影視劇中也能收穫一些東西:他們會從這些電影、電視劇中找到共鳴,來彌補自己當年的遺憾;他們會從中看到一些自己不曾經歷的故事,明白一些人生道理。說白了,看影視劇就和歲月一樣,我們看過、走過,以為什麼都沒有留下,卻在不經意間帶給了我們改變。

歲月是神偷,我們誰都回不到過去;明天和意外,我們誰也不知道哪個先來;儘管沒有人想要變老,可人們還是一天天老去。但是,我們不要焦慮未來的事情,也不要覺得自

> 歲月是最美的濾鏡，終不會虧待你

己正在經歷的是痛苦的、無用的，我們要像歌手金玟岐在〈歲月神偷〉中唱的那樣，能夠握緊的就別放了，能夠擁抱的就別拉扯。等過一段時間，再回頭看看，就會發現歲月留給我們的美麗。

Chapter 5　我不是你，要找到真正的自我

別從他人的「有色眼鏡」中去看自己

　　週末搭捷運出去赴一個朋友的約，不想在捷運上聽到了這麼一段引人深思的對話：

　　「你也覺得我這個人特別麻煩，很容易死抓著那些特別小的點不放嗎？」一個穿著樸素、面帶愁容的女子問道。

　　「我覺得還好啊。你不是做文書工作的嘛，就得細心認真一點吧？」另一個同行的女子漫不經心地說道。

　　「話是這麼說。」同事口中的「小心眼」女子繼續說道，「可是我有幾個同事都說我這個人特別麻煩，特別龜毛，經常列印一些內容可有可無的檔案讓他們簽字。可是這也不是我想讓他們簽字的啊，是經理要求我這樣做的。如果他們不簽字，出什麼問題經理就該怪我了。而且，有時候一些部門簽字、蓋章的位置不對，確實得重新弄呀！」

　　「淡定」女子聽後，義憤填膺地說道：「哎呀，你就別被其他人困擾了，他們又不了解你，只是隨口說說，我們做這麼多年朋友了，我還不知道你嗎？你做事認真這一點挺好的，一點問題都沒有，你那些同事們自己做事不認真還要怪你啊！他們怎麼不檢討自己的行為呢？親愛的，別多想了，你很棒，很優秀！與其在這裡糾結這些無聊的事，還不如想

別從他人的「有色眼鏡」中去看自己

想我們待會兒逛完街後吃什麼吧！」

聽著這兩名女子已經將話題轉移到了美食上，我卻想到了這樣一句話——**人人都戴著一副有色眼鏡，只看到自己想看的顏色**。這位同事口中的「小心眼」女子之所以面帶愁容，就是因為她被他人的「有色眼鏡」矇住了眼睛，無法清楚地了解自己，並對自己的行為處事產生了懷疑，導致她看到的那些「真相」，都是扭曲了事實的假象。

其實，大多數人都有那名「小心眼」女子的苦惱，過分相信別人對自己的判斷。這種心理的由來也很容易找出原因，因為很多中國人都相信一句俗語，認為「當局者迷，旁觀者清」。因此，很多人在探索自己時，總擔心自己無法看清自己的優點和缺點，就會特別在意別人的評價，認為別人對自己的評價都是中肯的，甚至還有些人會找知心好友特意來評價自己，想要了解別人口中的自己是怎樣的，從而能更全面地了解自己。

有這樣的想法無可厚非，但是，我們應該知道，人本身就是感性動物，很難做到完全客觀、公正地評斷一個人是怎樣的。就像「小心眼」女子口中的那些同事，因為「小心眼」女子的工作需要，她會不斷找同事簽字蓋章，而且簽的字、蓋的章還必須符合要求，不然就只能一遍遍重來。結果，因為同事們戴著有色眼鏡去看她，覺得她是一個愛找麻煩、做事很愛計較的一個人。如果「小心眼」女子真的認同了同事們

221

Chapter 5　我不是你，要找到真正的自我

對自己的看法，也覺得自己就是一個事兒多、較真的人，那麼，我們能說她對自己的認知是正確的嗎？不能！因為她正在從別人的「有色眼鏡」中去看自己，看到的並不是真實的自己，而是一隻「變色龍」。這只會讓她在認識自己的道路上行走得更加困難，同時也讓自己很痛苦。

或許也有人說：「這只是不了解、不熟悉你的人，對你做出的斷章取義般的判斷和建議，你當然要當心。那麼，當我們面對的是那些熟悉我們、與我們朝夕相處的人呢？他們了解我們，肯定能理解我們的感受，也會給予我們正確、客觀的判斷。」話雖有理，卻不能說得這麼絕對，因為在有些情況下，「自己人」要比其他人戴的有色眼鏡更重、更厚。就像「小心眼」女子的好友「淡定女」說的那樣，她說「小心眼」女子「一點毛病也沒有」，這就是真的嗎？當然不可能是真的，一個人怎麼可能沒有缺點呢？很顯然，正是因為她是「小心眼」女子的好友，很自然地就戴上了「好友濾鏡」這個有色眼鏡，所以她眼中的好友才那麼「完美」。

可能有人覺得這兩人不是真朋友，認為「淡定女」是不想聽「小心眼」女子聊這些無聊的話題而大事化小。那麼，大家總知道孔子和顏回吧？孔子最信任、最得意、最喜歡的弟子就是顏回，他很長時間都與顏回在一起，天天為他講學，但即便如此，孔子還是有戴著「有色眼鏡」去看弟子顏回的時候。

> 別從他人的「有色眼鏡」中去看自己

據《呂氏春秋》中講，孔子曾為了弘揚儒家學說，帶著弟子們周遊列國。但是當時兵荒馬亂的，戰事不斷，導致孔子和弟子們經常旅途困頓不堪，三餐多以野菜充飢。有一次，弟子顏回好不容易討要到一些白米，這讓吃了好幾天野菜的孔子和眾弟子十分高興，大家就等著吃白米飯了。當飯快要煮熟的時候，孔子看見顏回掀起鍋蓋，用手抓了一些米飯吃。孔子當時沒有多說什麼，只是裝作沒看見，悄悄離開了。

一會兒，顏回煮好了飯，他先盛了一碗飯端給老師孔子吃。結果，孔子卻沒有接這碗飯，而是故作沉思地說道：「剛剛我小憩的時候，做了一個夢，夢見我們的先祖了。我想，趁現在我們還沒有人吃，我們應該把這鍋乾淨的白米飯祭祀一下祖先。」

誰知顏回聽後立刻拒絕了，大聲說道「不行！」

「顏回，這是何故？」孔子故作不解地問道。

「因為這鍋飯我剛才已經吃了一口了，所以不能用作祭祀！」

孔子又接著問道：「你為什麼要這樣做呢？難道是太餓了嗎？」

顏回一聽孔子這樣說，急著否認：「不是這樣的，老師。因為剛才煮飯的時候，房梁上正好掉了一些灰，落在了鍋

Chapter 5　我不是你，要找到真正的自我

裡。我覺得沾了灰的白飯扔掉太可惜了，於是就吃掉了。」

孔子聽後，不發一言，而是陷入了沉思。過了一會兒，孔子才對其他弟子說道：「我平常最信任的就是顏回，也認為自己最了解他，可是，我今天看見他吃這些米飯，還是會懷疑他的行為和品德，可見我們的內心是多麼難以穩定和確定啊！我希望你們也要牢記這件事，不要隨意用自己的眼光去度量別人！」

有些時候，**即使是親眼看到，也未必就是事實**。就像孔夫子，他面對自己最偏愛、最信任的弟子時，依然會對他的行為做出錯誤的判斷！所以，面對自己最親密之人的判斷，我們也不要偏聽偏信，更不要被他人的「有色眼鏡」誤導，以免模糊了我們的視線，影響我們的判斷。

橫刀大笑，隨他人去吧

作家三毛曾說：「我們要學會主宰自己的生活。即使孑然一身，也不算一個太壞的局面。不自憐，不自卑，不怨嘆，一日一日來，一步一步走，那份柳暗花明的喜樂和必然的抵達，在於我們自己的修持。」

看完三毛說的這句話，可能大家覺得她和維新四公子之一的譚嗣同說的「我自橫刀向天笑，去留肝膽兩崑崙」有異曲同工之妙。確實如此，**面對生活的磨難，面對他人的議論和評價，面對別人的質疑和不屑，我們都應該大笑一聲，說一聲「去他的」，讓自己主宰自己的生活，做真正的自己！**

德國著名的科學家高斯（Gauss）出身貧困，但他十分聰明，還沒有上學就已經學會簡單的計算了。8歲那年，高斯進入一所鄉村小學讀書，負責教他們數學的老師是一個被迫在窮鄉僻壤教幾個小孩讀書的城裡人，因此，這位老師對鄉村的小孩子有偏見，認為他們天生都是笨蛋。這位數學老師教得不認真，還經常找機會懲罰他們來為自己的枯燥生活增添一些樂趣。

一天，高斯和同學們看到數學教師陰沉著一張臉，就知道他心情不好，知道老師今天又會想辦法處罰他們。於是，

Chapter 5　我不是你，要找到真正的自我

他們都十分小心謹慎。

果然，數學老師一上課就讓他們計算一道題：1+2+3+4+……+100=？這節課中，誰算不出來就要接受懲罰。布置完任務後，數學老師就坐在一邊看小說了。由於同學們都沒有學習過這麼大的計算，所以一個個算起來很吃力。然而，不到半個小時，高斯就算出來了，他拿著答案讓數學老師看。結果，數學老師看都不看，直接揮手說道：「錯了！回去再算！」

如果是其他小朋友，看到數學老師這麼說，肯定早就回去重新計算了。但是，高斯卻不一樣，他不為所動，繼續把作業本伸到數學老師面前，大聲說道：「老師！我想這個答案是對的。」

數學老師聽到高斯這樣說，都驚呆了，抬起頭來就想怒吼一聲。結果，數學老師一眼就看到了作業本上的數字——5050。數學老師頓時不說話了，因為他自己算過，得到的數正是5050。可是，當時他算了很長的時間，而這個8歲的小鬼是怎麼這麼快就算出來的？數學老師問過高斯後，高斯就講述了自己的計算方法。原來，這個方法就是古時希臘人用來計算級數「1+2+3+…+n」的方法。數學老師聽完高斯的話，頓時十分羞愧，覺得自己以前過於目中無人了。從這之後，數學老師開始認真教起書來，還經常指導高斯。後來，

> 橫刀大笑，隨他人去吧

高斯成為舉世聞名的「數學王子」。

高斯之所以能讓數學老師刮目相看，是因為他相信自己算出來的答案就是正確的，他也不會在意數學老師的心情是好是壞、會不會給他一些不好的評價，他一心就在追求那個數學答案，一生堅持做自己，所以才能成為著名的數學家。我們都應該向數學王子高斯學習，在生活中多多欣賞自己，也要比別人都更加相信自己，才能找到自己最閃耀的一面，並將這一面綻放出來，讓他人刮目相看！

要知道，**生命是自己的**，**我們也是屬於自己的**，除了為人必須要承擔的一些責任，其他時候，我們都應該為自己活著。當然，別人在某些時刻總是能告訴我們很多很多方法和訣竅，可能這些方法確實在某些時候會讓我們的生活簡單一點，但是，這些方法不能夠成為阻礙我們創新的利器，我們也不能讓任何一個人替我們做出重要決定。我們的人生之路是平坦還是崎嶇，這都是自己說了算的。

再說了，很多人做出的評價都是無心之舉，隨口說說而已，甚至有些人的評價是惡意的，他們說出口就忘了，而且也不會當真。這就像美國的心理勵志大師戴爾·卡內基（Dale Carnegie）先生曾經說的一個故事一樣：

在多年以前，卡內基創辦了一個成人教育班。在一次示範教學中，有一個從紐約《太陽報》（*The Sun*）來訪的記者說

Chapter 5　我不是你，要找到真正的自我

話非常不留情面，不斷地攻擊卡內基以及他的工作。卡內基當時非常生氣，覺得這位記者在侮辱他，於是，他馬上打電話給《太陽報》執行委員會的主席古斯季塔雅，要求對方刊登一篇文章說明事實真相。

如今，再看這件事，卡內基就有不同的看法了。因為他後來才知道到，買那份報紙的人中，大概會有一半的人壓根都不會看那篇文章；而看過文章的那些人中，又會有一半的人不會把這件事當成什麼大事來看，甚至他們在看過之後很快就會忘記這件事。

我們講這個故事的目的是什麼呢？就是告訴大家，我們不能阻止別人對我們做出一些不公正的評價，也不能阻止別人對我們說三道四，但是，我們可以問一下自己，是否能抵抗住那些不公正評價的干擾。如果能做到這一點，那麼別人的評價、看法都不重要了，我們安心做自己就可以了。我們不論做什麼事，不論是對是錯，在這個世界上總會有不一樣的聲音，總有人會說三道四。所以，我們只需要做自己心裡認為是對的事情就可以了。反正，我們總會經受批評，那還不如把這些批評放在一邊，將事情做了再說。

所以，一定**要做生活的開拓者，而不是做現成答案的乞討者**。只要認為是正確的道路，我們就要堅持下去，不要被別人的評價左右，也不要盲目地聽從別人的意見。如此，我們才能主宰自己的人生，才能做真正的自己！

做真實的自己，你就是最棒的

很多文人，在年老出文集的時候，都會稍微掩蓋一下自己早年時期的「幼稚」行為，希望留給別人一個完美的形象。這就像很多帝王在年老的時候會讓史官潤色他們的言行舉止一樣，為的是名垂千古，為自己留一個好名聲。

帝王、名人的這種心理我們可以理解。但是，當我們翻看翻譯學者季羨林的散文集時，會發現一個大家眼中與眾不同的季羨林。因為他的散文集中，有很多不符合「大作家」「文豪」氣質的言行，也會有粗話，也會有一些幼稚可笑的想法，也會想要逃課，也會抱怨課很多。

季羨林為什麼勇於這樣寫呢？因為他認為：「一個人一生是什麼樣子，年輕時怎樣，中年怎樣，老年又怎樣，都應該如實地表達出來。在某一階段上，自己的思想感情有了偏頗，甚至錯誤，絕不應該加以掩飾，而應該堂堂正正地承認。這樣的文章絕不應任意刪削或者乾脆抽掉，而應該完整地加以保留，以存真相。」

其實，季羨林說了這麼多，就是在表達一個主題——做真實的自己！

朱毅是一個小有名氣的玄幻類題材作家，他創作的很多

Chapter 5　我不是你，要找到真正的自我

　　玄幻小說在網路上非常受歡迎。於是，漸漸地，有人來找他談合作，尤其是一些影視製作人喜歡把他寫的那些玄幻書拍成影視劇等。

　　隨著越來越多的製作人找上門，朱毅開始自滿，他覺得自己已經成為一個有名氣的人了，不能再像之前說話那麼隨意，而是要懂得包裝自己，把自己當成一個明星看待。所以，朱毅從衣食住行等各個方面，都開始注意起自己的儀態來。而且，因為他是寫玄幻小說的，所以他的外在人設就是一個茹素的道人，不把一切悲喜放在心上。因此，朱毅在自己的社群媒體上、粉絲專頁上，經常會分享一些「照騙」——清粥小菜、心得經法，教讀者朋友們如何放寬心、自由自在地生活。

　　然而，實際上，朱毅卻是一個暴脾氣，可能會因為別人的一句話、別人的一件事，就地「爆炸」，一點也不像他在公眾面前偽裝的那樣「淡然」。關鍵還有一點，朱毅並不喜歡吃素，反而是一個非常喜歡大魚大肉、喜歡吃燒烤喝啤酒的人。但是，因為「人設」的原因，他只能讓助手買來一些素食，然後拍照釋出到網路上，私底下卻悄悄地吃著葷。

　　剛開始的時候還好，時間短，擺拍什麼的助手就可以做好，朱毅不用管。而且，那個時候認識他的人還不多，他可以稍微偽裝一下，去飯店吃那些他愛吃的美食。後來，隨著

> 做真實的自己,你就是最棒的

他的名氣越來越大,有時候他走在路上也會被人認出來,這樣的話,他都不敢像之前那樣放肆地去店裡面吃東西了,就擔心別人看清楚他的「真面目」,讓他的人設崩塌。所以,朱毅就讓助手打包一堆吃的,回到他的住處或者是辦公室裡吃。

時間一長,朱毅就覺得很煩,感覺自己身不自由,那些美食吃起來也不夠自在了。這個時候,朱毅就開始後悔:自己為什麼不能做真實的自己呢?當初為什麼非要幫自己弄一個這樣的人設呢?現在可好,他因為利益和名譽,也不敢直接公然對大眾說「我喜歡吃肉」,擔心會因此而臭名昭彰,一敗塗地。

其實,在公眾面前,朱毅就是一個「虛假」的人,所以他才活得那麼痛苦。在我們生活中,還有很多像朱毅這樣的人,因為一些主觀或客觀的情況,而不得不主動或被動地隱藏真實的自己,每天都帶著一張假的面具生活。但是,這畢竟不是真實的我們,我們不習慣,自己痛苦不說,世界上也沒有不透風的牆,時間長了,還是會暴露出來的。所以,我們還不如一開始就做一個真實的人,要相信自己就是最棒的!

我們每個人一生下來,就獲得了一個無法轉讓的專利,那就是自己。因為我們擁有不同的外表和意志,擁有不一樣

Chapter 5　我不是你，要找到真正的自我

的個性，擁有不同的活法，不同的理念和不同的處事方式。

有些人希望自己的人生是一片海，能夠波瀾壯闊；有些人希望自己的人生是一座山，能夠靜止深邃；有些人希望自己的人生是一幅畫，能夠色彩斑斕……正是因為這個世界上不會有千篇一律的人存在，我們每個人都扮演著不同的角色，演繹著不同的劇本，所以，我們不必羨慕別人，不用沉浸在別人的故事中，也不必自怨自艾，覺得自己的人生不夠美好，而是應該承認真實的自己、做真實的自己，並相信自己的人生就是最棒的。哪怕，這個真實的自己，是有缺點的，是不太優秀的，這也沒關係。**因為，我就是我，是顏色不一樣的煙火！**

如果我們一味將別人的生活照搬到自己的人生舞臺，每個人都拿著一樣的劇本，也都像自己羨慕、仰慕的人那樣生活，說著他們的臺詞，那麼，這樣的我們就不是我們了，而是在別人的世界中活著，活成了別人的樣子。這樣的話，我們自身的存在還有什麼意義呢？所以說，一個人活著，一定要活出自我，活出真實。

我們要做一個真實的人，首先要明白真實的自己是怎麼樣的，然後堅持做自己。不然我們都不知道自己的真實面目是什麼，卻說要做一個真實的人，這不是天方夜譚嗎？因此，我們要學會審視自己，看清楚自己的優點，也能接納自

> 做真實的自己，你就是最棒的

己的缺點，承認自己的脆弱，並逐漸改正它和完善它，讓脆弱不再那麼脆弱。

　　花有花的芳香，草有草的青翠。人生漫長，我們各有各的特點。你不必羨慕別人，也不必一味模仿別人，而是**應該做真實的自己**，綻放屬於自己的光芒。

Chapter 5　我不是你，要找到真正的自我

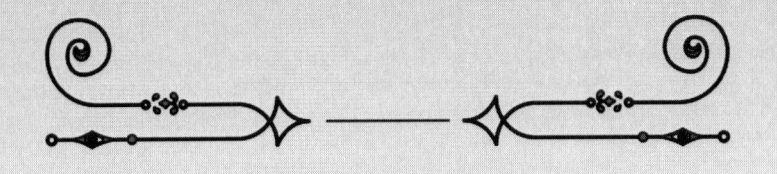

Chapter 6
我也是你,莊周曉夢迷蝴蝶

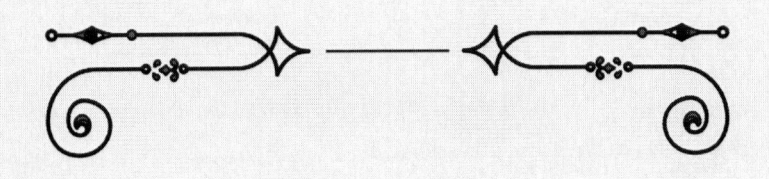

Chapter 6　我也是你，莊周曉夢迷蝴蝶

莊周的另一個名字叫「蝴蝶」

　　唐人淳于棼嗜酒，為人不拘小節，經常喝得爛醉如泥。有一天，恰逢他生日，他和友人一起在門前的大槐樹下喝酒，又喝得爛醉如泥，沉沉睡去。睡著後的淳于棼被兩個紫衣使者攙扶著坐上了馬車，順著大槐樹下的一個樹洞，進入了另一個世界。

　　在這個景色繁華的世界中，淳于棼被大槐安國的丞相賞識，得到了槐安國君的厚愛，有幸娶得公主，妻賢子孝，家庭美滿。此後，淳于棼被委任為南柯郡的太守，在任上，淳于棼勤政愛民，把南柯郡治理得井然有序，讓淳于棼萬分得意。然而，好景不長，檀蘿國突然入侵大槐安國，淳于棼領兵拒敵，卻戰敗了。接著，公主又病故了，淳于棼只好辭去太守職務，扶柩回京。但是，由於淳于棼已經失去了國君的寵信，得不到重用，所以鬱鬱寡歡，向國君請求回鄉探親。國君同意後，淳于棼依然像他來時一樣，被兩名紫衣使者護送出行，回到了自己家中。

　　這時，淳于棼夢醒，才知道是自己做了一夢。可這夢太過真實，就好像他真的在夢中整整過了一輩子似的。於是，淳于棼把夢境告訴眾人，大家感到十分驚奇，就來到門前那

> 莊周的另一個名字叫「蝴蝶」

棵大槐樹下檢視，果然發現有一個很大的螞蟻洞。洞旁，有一條小孔道通向南枝，附近還有另外一個小蟻穴。夢中所謂的「南柯郡」、「槐安國」來源於此！

經此一事，淳于棼頓覺人生無常，所謂的富貴功名很容易就消失，也不必過於掛念，於是他就歸隱道門了。

看完這個故事後，或許會感嘆淳于棼的這種神奇的經歷，不過，於淳于棼本人來說，他到底是那個喝得爛醉、一事無成的唐人淳于棼，還是那個上受君王器重、下得百姓愛戴的南郡太守淳于棼呢？如果他是唐人淳于棼，他必定是一個心懷家國天下的人，必定是想要做出一番事業的，不然「日有所思，夜有所夢」，他也就不會做出那樣的夢了；如果他是南郡太守淳于棼，那麼他在經歷了一番起起伏伏後，想必對功名利祿已經厭倦了，不然他不會向國君提出回老家看看的心願。

對此，我們只能說夢由心生，境由心造。到底是夢中的淳于棼讓他看淡了功名富貴，還是現實中的淳于棼早就有了歸隱道門的想法呢？我們不得而知。只能說，這兩個人都是淳于棼，只不過是不同心境、不同階段的淳于棼罷了。

淳于棼的這種經歷，其實就像是莊周夢蝶一般。莊周夢到自己變成了一隻蝴蝶，在夢醒後又感覺從蝴蝶重新化為了自己。整個過程，莊周都感覺非常逼真，因此他分不清自己

Chapter 6　我也是你，莊周曉夢迷蝴蝶

到底是蝴蝶還是人。在我們看來，莊周既是蝴蝶，也是人。當莊周化為蝴蝶的時候，表示他從喧囂的人生走向了逍遙的境界，這是他一直渴望的境界；而從蝴蝶回歸莊周，說明他又從自己嚮往的境界中走了出來，重新回到塵世中。

其實，我們每個人都是淳于棼。我們可能像淳于棼一樣憂鬱不得志，可能像淳于棼一樣窮困潦倒、一無所有，也可能有時候被厄運纏身、找不到出路。於是我們病急亂投醫，我們死馬當活馬醫，我們逢廟就燒高香，希望自己能夠從別人那裡獲得一些可以生存下去的經驗，可以透過別人找到一條出路。結果，到最後我們才發現，那些功成名就、美滿幸福的人也有痛苦、挫折的時候，他們也曾像當下的我們一樣迷惘。換言之，**他們是未來的我們，而我們是過去的他們。**我們在模仿著成功後的他們，等到我們成功後，就變成了他們，而其他人則開始模仿著之前的我們。這是一樣的道理。

生活在這個世界中，你我他本來就是一體的。可能你是昨天的我，而我就是今天的你。所以，如果你覺得今天的你比較弱小，覺得自己不夠強大，認為自己正在經歷磨難的話，希望你不要著急，要相信苦難終究會過去。只要我們能夠持之以恆地朝著夢想的終點努力和**奮鬥**，那麼我們終將會變成耀眼、強大的人！

正在看風景的你也是一道風景

你站在橋上看風景,看風景的人在樓上看你。

這是詩人卞之琳很有名的一首詩〈斷章〉。很多人因為這首詩,而學會了欣賞自己。

其實人是典型的視覺動物,總是被美好的事物或者人吸引,也總是羨慕別人眼裡的風景。就像我們小時候,父母會羨慕別人家的孩子,而我們會羨慕別人家的家長一樣,長大後,坐在辦公室裡面的羨慕那些能夠四處遊走的人,而那些四處遊走又羨慕那些生活安定的人。似乎在每個人看來,風景總是別人那裡的好,就像大家所說的月亮總是外國的圓一樣,總感覺自己的風景和自己經歷的事情,都沒有別人的精采。其實,生活都是具有兩面性的,當你在羨慕別人的時候,肯定也有其他人在暗暗地羨慕著你。

優優來大都市工作一年了。年終的時候,她感覺自己這一年都沒有什麼收穫,時間卻很快就過去了。用優優自己的話來說,「我就是一個碼農」,像一個老農民一樣,坐在電腦前辛辛苦苦,一行一行地碼字。優優想:「我什麼時候才能像電視中演的那樣,出入世界 500 強的公司,談著一個上億的

Chapter 6　我也是你，莊周曉夢迷蝴蝶

單子，出門開著豪車，回家住著豪宅，吃著澳洲牛排，喝著法國紅酒呢？」

夢想是豐滿的，現實是骨感的。優優感覺自己留在魔都也沒有什麼希望，就想著回家算了。正在優優糾結的時候，一個很久不見的大學好友聯繫了她。

這個好友名叫阿紅。與外出打拚的優優不同，阿紅在大學畢業後，就考取了老家當地的一個公務員，有了一個鐵飯碗。

優優點開通訊軟體，就見到這麼幾句話：

「優優，最近好嗎？」

「工作還順利嗎？」

「挺想你的。」

阿紅這簡單的幾句話，瞬間將優優的思緒拉回到了上學的時候。那個時候，優優和阿紅經常一起在操場上跑步，互相訴說自己的小煩惱，還共同討論操場上哪個打球的男生比較帥。

不過，自從大學畢業後，一開始大家還經常聯繫，後來都忙了起來，也就不怎麼聯繫了。優優常想，雖然阿紅是好朋友，可是她不在自己身邊，自己經常拿一些煩心事打擾她，她也遠水解不了近渴，幫不上什麼忙，還不如不找她訴苦，以免影響她的心情。儘管大家不怎麼聯繫，但是感情還

> 正在看風景的你也是一道風景

是在的。所以,當阿紅又找優優的時候,優優還是有很多往事湧上心頭。

優優記得,在學校的時候,她和阿紅雖然是好友,經常一起玩,但她們兩個的個性卻迥然不同。阿紅是一個爽朗的女孩子,喜歡大哭大笑,好友遍布學校的每個角落,還經常活躍在學校的各大活動中,也談過幾個男朋友,活得十分自在。而優優卻比較內斂,會給自己很多約束,沒有幾個朋友,也不常參加社團聚會,就每天泡在圖書館裡。可是,每年的期末考試,優優的成績總是不上不下,而阿紅卻總能拿到獎學金。因此,雖然兩人是好友,但優優在阿紅面前,其實是有點自卑的,覺得自己不如阿紅優秀。所以,對於阿紅的突然聯繫,優優是有些詫異的。但優優還是像之前那樣回覆了阿紅:「挺好的,工作也還可以。你怎麼想起我了?」

優優沒想到,自己這一問,能讓阿紅說出那樣的話:「沒什麼。我就是覺得現在活著特別沒意思,就想看看你怎麼樣。哎,你可真好,可以在大城市工作。像我,回老家做了公務員,這輩子就這樣了!優優,我其實挺羨慕你的,你可以做自己喜歡的事情,人也單純、善良,真好!」

看著阿紅打出來的這些「肺腑之言」,優優都驚呆了!內心五味雜陳,想了很多。她怎麼也猜不到,一向大大咧咧的阿紅竟然也會羨慕自己。因為這樣的心情,優優開始主動和阿紅聊起天來,優優才知道了阿紅的煩惱。

Chapter 6　我也是你，莊周曉夢迷蝴蝶

原來，阿紅在考上公務員後，就到地方的機構去上班了。阿紅是一個個性爽朗的人，玩不來辦公室勾心鬥角的那一套，所以她很看不慣辦公室裡的一些作風，不屑與他們為伍。同時阿紅又是一個綜合能力很強的人，做事效率高，受到了上級主管的關注。結果，有些看不慣她的同事們就開始找麻煩，在主管面前「挑撥離間」，還傳一些風言風語，說她和上級主管怎麼怎麼樣，還說她是靠關係來的。

有一次，同事們說阿紅閒話，被阿紅聽到了，而阿紅屬於那種個性火爆的人，直接將那兩個說閒話的人怒嗆了一番。這件事最後都鬧到主管那裡去了，阿紅和那兩位同事因此都停職在家反省，氣得阿紅的父母找遍了關係，主管才讓她回去上班。阿紅因為這件事很生氣，想要辭職不做了，父母和親朋們都勸她不要衝動。阿紅的父親被氣得高血壓都犯了，住在醫院裡。沒辦法，身邊的人不理解她，她只好來找優優訴苦。說完，阿紅感嘆一句：「真還不如像你一樣，當年出去闖蕩，多自由啊！」

優優在聽完阿紅的故事後，她頗有感觸，也很感謝阿紅的這一番話。優優想：「如果阿紅不跟我說她挺羨慕我能夠勇敢做自己的話，那我應該永遠都不會知道這個世界上居然還有人會羨慕著我，而那個人還是我曾經的羨慕對象。」想到這裡，優優想到了卞之琳的〈斷章〉：「你站在橋上看風景，

> 正在看風景的你也是一道風景

看風景的人在樓上看你,明月裝飾了你的窗子,你裝飾了別人的夢。」

　　其實,我們有很多人都跟優優一樣,是從羨慕別人的陰影中一路走過來的。我們都很平凡,或許我們現在做的事情沒有人認可,或許我們現在的努力還沒有成績,或許我們正在遭受著痛苦與磨難,但是,希望大家一定不要放棄,要堅持下去,要相信大家都處在「圍城」中。或許在某一天,最平凡的我們就會在不經意間成為一道亮麗的風景,明媚了他人的世界。所以,我們不必羨慕別人,也不用自卑失落,要學會多看看自己的優點,多看看我們周邊的風景,到時候,我們就會發現,我們自己也是別人眼中的一道風景!

Chapter 6　我也是你，莊周曉夢迷蝴蝶

成功沒有捷徑可供參考

有句俗話叫「畫虎畫皮難畫骨」，即是說，一個畫家在畫老虎時，很容易就畫出了老虎的外貌，但是，要想畫出老虎那種君臨天下的威武與霸氣卻是很難的。同樣地，我們可以模仿很多人的成功路徑、學習方法，但是，不是我們模仿了，我們就一定會成功。為什麼呢？**因為成功是沒有捷徑可供參考的。**

任何人，不論你是誰，哪怕你是含金湯匙出生，哪怕你有一個富甲天下的爹，哪怕你從小接受的是菁英教育，如果你想要在事業、人生中取得成功，都還是需要付出很大的努力，需要用自己辛勤的汗水去灌溉。因為所有的成功都是**努力換來的**！你可以模仿別人的方法、路徑，但是不能缺少自己的努力，否則依然不能成功。

有一位朋友，在大學畢業後做了一名藝人助理。其實大家都知道，明星助理，說好聽點是「助理」，說難聽點就是貼身保母，讓幹嘛就幹嘛。當時我們都不理解這位朋友，大學畢業有很多種選擇，為什麼偏偏要去做助理，被人使喚。但是，一想到這位朋友那麼喜歡演藝圈，也就可以理解了。

結果，五年之後，無意間瀏覽社群媒體，看到一部爆紅

的網路劇正在熱播,點進去一看,才發現這部劇的編劇正是我這位朋友!網友們都說我這位朋友是編劇界的「黑馬」,半路出家來創作,還一炮而紅了。這實在太令人驚訝了,因為他往常和我們聚會的時候從來沒說過這方面的事情。我立刻用通訊軟體聯絡他,問他是怎麼回事,這才了解了他這幾年的生活是怎樣的。

原來,這位朋友當時一心想著接近演藝圈,去看看他喜歡的明星是怎樣的。結果,等他接觸了這一行,才知道這一行沒有我們看起來那麼光鮮亮麗。再說了,朋友當時的身分就是一個小助理,還是一個「18線」藝人的助理,別說他想見大明星了,就連他跟的藝人都不可能見到。但是,朋友還是堅持了下來,沒有放棄,繼續跟著藝人跑活動,每天端茶倒水、搬執行李,勤勤懇懇地工作。

雖說朋友跟的那個藝人咖位不大,但人家畢竟是明星,好歹也有點人氣,經常會去一些劇組客串。朋友就在等待藝人拍戲的過程中,覺得無聊,就跟著一起閱讀他們的劇本。他看過好劇本,也看過很多水準一般的劇本。劇本看得多了,朋友就起了自己做編劇的念頭。在苦熬了幾個月之後,朋友竟然也模仿著別人的劇本,寫了一個本子。

寫完後,朋友猶豫了很久,鼓起勇氣拿給當時跟劇組的一位比較有名氣的編劇,想讓對方給點意見和指導。結果,這位編劇隨意翻看了幾眼,哈哈大笑道:「你一個助理寫什麼

Chapter 6　我也是你，莊周曉夢迷蝴蝶

劇本啊！還是好好伺候你家主子吧，別隨便來搗亂了。」

朋友雖然大受打擊，但是他依然沒有放棄。因為他覺得，很多人都能做編劇，為什麼他就不能？於是，他在做助理的同時，依然在堅持寫劇本。每寫好一個劇本，他就讓別人幫他看一下，提點建議，然後他再修改。就這樣，幾經磨難後，朋友的劇本被人看中，他也因此改行做了編劇。

做了編劇後，朋友的事業出奇的順利。因為他的劇本文風比較特別，選材的角度也很新穎，很快，他就成了編劇界的一匹黑馬，連寫了好幾部熱播劇集，在業內風生水起。

雖然我的這位朋友一開始對於寫劇本一竅不通，甚至只能透過模仿別人的劇本進行創作，但是，他能夠在這個模仿的過程中不斷學習，能夠找到一條屬於自己的道路，能夠在面臨困難時依然繼續堅持寫下去，所以，他成功了。

朋友的這件事充分說明，**成功是沒有捷徑可走的！**哪怕你一開始想著依葫蘆畫瓢，模仿別人功成名就的方式，但是，你也只是能模仿其中的方式，還需要付出自己的努力和汗水才行。

徐崢大家都不陌生，他是一名演員，出演《春光燦爛豬八戒》中的豬八戒形象深入人心，也十分受觀眾們的喜愛。但是，就是這樣一位喜劇演員，卻有著一顆做導演的心。於是，他在拍戲的時候，還在看其他導演是怎麼拍的，是怎

> 成功沒有捷徑可供參考

麼導的。最終,他下定決心,要導演一部屬於自己的喜劇電影。

一開始,徐崢拿著劇本和構思四處拉投資。但是由於他是初次做導演,很多人都不看好他,不願意冒險投一分錢。徐崢為了讓別人看好他的電影,他在介紹電影的時候,甚至還會有聲有色地現場表演一段,逗得那些投資人哈哈大笑。然而,這些投資人在看了他的表演後,還是不肯投資,於是他吃盡了閉門羹。基本每個人聽到他想做導演後,都開玩笑似的笑著問他:「你做演員還可以,做導演,你行嗎?」

天無絕人之路,在最後關頭,有人介紹了一個投資人給徐崢。這個投資人被徐崢那種幽默的表演方式逗笑了,就答應投資這部電影。就這樣,《人再囧途之泰囧》才得以出世,並以近13億的高票房創造了中國電影史上的神話。

只要有方向,只要努力了,只要我們肯去做,那麼,成功終會降臨。但是,我們一定要記得,這種成功是用自己的汗水換來的,不是透過簡單模仿就能達到的。也唯有透過努力獲得的成功,才會被大家認可,我們便成為別人的楷模,成為別人眼中的風景。

Chapter 6　我也是你，莊周曉夢迷蝴蝶

挑戰困難，其實就是在挑戰自己

人生來就面臨著許多困難。比如一個嬰兒的降生，就要克服很多困難才能來到這個世界。

嬰兒在出生的過程中，雖然有醫師的幫助，也有母親的努力，但是更重要的是嬰兒自己的努力。他為了能夠降臨到這個世界，需要不斷地掙扎、蠕動，與母體一起努力，才能見到天日，才能呼吸新鮮空氣。所以，嬰兒出生的過程，不僅是一個母親戰勝自己的過程，也是一個嬰兒在不斷挑戰自己的過程。

當嬰兒出生後，他的一生依然會面臨很多天災人禍和想都想不到的困難。因此，**人要想在這個世界存活下去，就需要不斷地接受挑戰、迎接挑戰**，挑戰這個世界給予的困難。

18 世紀的時候，數學研究還沒有現在這麼發達。當時，高斯因為數學有天賦，就在大學選讀了數學。讀大學的高斯就像當下的很多大學生一樣，需要完成導師安排的數學作業。一天，高斯的數學老師出了三道數學題。前兩道題目比較簡單，高斯很快就解完了。然而，當他解答第三道數學題的時候，高斯覺得這個題越做越吃力，心想：「這道題怎麼這麼難？難道是導師故意考我們，想測試我們的實力如何？」

> 挑戰困難，其實就是在挑戰自己

這樣想的高斯瞬間激起了鬥志，他告訴自己：一定要將這道題解出來！

就這樣，不服輸的高斯沒有被困難打敗，反而越挫越勇，最終在第二天早晨，解出了這道題。高斯高興地拿著題去找導師求證，結果，導師看到高斯的解題步驟，當即驚呆了！因為這道題有兩千多年的歷史了，但是，不論是阿基米德還是牛頓，沒有一個人解答得出來。而高斯，用了一個晚上，就解答了出來。而這道題是導師的研究專題，他在幫學生出作業時，不小心將寫了這個題目的紙條夾到了作業中，無意間竟讓高斯解了出來。而高斯也沒有讓導師失望，畢生致力於數學研究，被後人稱為「數學王子」。

大家看，很多困難其實沒有我們想像的那麼難。一些人之所以覺得有些困難堅不可破，是因為我們自己畏懼困難，無意間為「困難」加持了很多「砝碼」，才讓它披上了「難」的外衣。所以，我們才說，挑戰困難，其實就是在挑戰自己。

就像前幾天在社群媒體上看到的一個熱門話題：「每個星期讀一本書，你能做到嗎？」很多人看到這個話題，可能都覺得這很簡單，很容易就能做到。但是，當我們真的去做的時候，會發現這很難。是「一週讀一本書」這件事本身很難嗎？不是！是「你能做到嗎」這件事很難。

就拿我自己來說，我已經很長一段時間都沒去過書店了，也沒有拿起一本書認認真真地看過了，所以，突然讓我

Chapter 6　我也是你，莊周曉夢迷蝴蝶

「每個星期讀一本書」，這對我而言肯定是一個不小的挑戰，我也沒有信心能夠做到。直到有一天，因為要幫姪女買參考書，我去書店逛了逛，看見在打折就忍不住也選擇了幾本自己喜歡的書。帶著這些書回到家時，我已經做好了將它們束之高閣的準備，可不知為什麼，我覺得心裡空空的，生活也覺得沒有什麼趣味，於是我就想挑戰一下自己，跟自己說，每天先閱讀二十分鐘，看能堅持幾天。

一開始那幾天，我確實會不想看，或者因為玩遊戲、玩手機而忘了看，於是，我選擇了一個比較空閒的時間，幫自己設定了一個鬧鐘。鬧鐘一響，我就知道要看書了，於是就捧著書看幾分鐘。一開始還看不進去，覺得二十分鐘怎麼那麼長，漸漸地，我被書中的內容吸引，也養成了每天看一會兒書的習慣。看書的時候，我也不再覺得煩躁，反而逐漸能平心靜氣地看下去，甚至能看更長的時間。

透過閱讀這件事，讓我意識到，有些困難其實沒有那麼難，關鍵在於你能不能說服自己，讓自己去做這件事。如果你真的想去做一件事情的話，你會覺得整個世界都會來幫助你。

這就像一個騎過川藏線的朋友說的那樣：「只要出發，就能到達；你不出發，就哪裡也去不了。」

或許有些人會覺得，是不是只是自己在庸人自擾，只有

> 挑戰困難，其實就是在挑戰自己

自己會面臨這些自己為自己設定的困難？其實不是，只不過別人不說而已。

小鵬從小就是「別人家的孩子」，不僅是個超級學霸，而且想做什麼事，最後總能做成功。所以，很多人都羨慕小鵬。直到有一天，一個人問了小鵬一個問題：「你會有什麼困難覺得是難以跨越的嗎？」小鵬想了想，回答道：「那應該是自己吧。我的意思是說，我覺得任何外力所造成的困難都是可以解決的，而是也比較容易解決。但是，如果是一個人因為自身的原因而為自己設定了一些困難的話，則是比較難的。大家不常說嘛，『最具有挑戰性的就是戰勝自我』！」

聽到這番話，想必那些羨慕小鵬的人才知道，原來，「別人家的孩子」也有覺得「困難」的時候。他們也會有看不進去書的時候，也有寫論文寫到想撞牆的時候，也有為自己畫地為牢，不知該怎麼超越自我的時候。我想，這就是說人類「生而平等」的另一層意義所在吧。

而這種「平等」，之於任何一個人都是存在的，也不論這個人是貧窮還是富有，不管這個人是聰明還是愚笨，他們都會面臨同樣的困難和抉擇。既然如此，我們還擔心什麼？還害怕什麼呢？別廢話，直接去做！拿出勇氣去挑戰自己，去戰勝那些困難，讓自己越來越強大！

Chapter 6　我也是你，莊周曉夢迷蝴蝶

放下心魔，才能讓人生有滋有味

　　任何時候，一個人都不應該做自己情緒的奴隸，不應該使一切行動都受制於自己的情緒，而應該反過來控制情緒。無論境況多麼糟糕，你應該努力去支配你的環境，把自己從黑暗中拯救出來。

　　因為人生的坑，是填不完的。

　　我們中的任何一個人，但凡經歷了被至親之人陷害、背叛這樣的事情，肯定都會很痛苦吧？然而，我們發現，不管**歷經多少磨難，心中總是懷抱希望**，就能讓自己的心在沙礫中開出一朵花來。到時候，我們都會振作起來，小小的身軀內蘊藏的大大的能量，最終會爆發出來。

　　可是，有人說了，當我們被別人傷害之後，怎麼能輕易就原諒他們呢？當我們遇到一些磨難時，也很容易絕望啊，那該怎麼辦呢？其實，關鍵在於放下「心魔」。

　　人類的一切貪、嗔、痴、慢、疑，都可以算作心魔。《地藏經》裡說得很清楚：「閻浮提眾生，起心動念，無不是業，無不是罪。」也就是說，因為我們有了妄想和雜念，所以無法心情清淨。只有去掉妄想，掃除雜念，才能回歸真心。

　　就像 2013 年賀歲片《西遊降魔篇》，講的就是破除心魔

> 放下心魔，才能讓人生有滋有味

的故事。在這部電影中，不管是河妖、豬剛鬣、孫悟空，還是阿段、玄奘，他們都有著屬於自己的痛苦，而這些痛苦的來源，就是因為他們的心魔各有各的特點：河妖的心魔是怨恨，豬剛鬣的心魔是背叛，孫悟空的心魔是因為束縛，阿段與陳玄奘的心魔則是嗔痴……他們不論是人是妖，都因心魔而痛苦，也讓自己的人生處於混沌和迷幻中。

到了最後，玄奘收服了河妖、豬妖和猴妖，而他心愛的段小姐卻死去了，他這才領悟了佛法，走上了取經之路。所以，才有了那段經典臺詞：「**眾生之愛皆是愛，有過痛苦，才知道眾生的痛苦；有過執著，才能放下執著；有過牽掛，才能了無牽掛。**」

身為觀看電影的人，我們能發現一切心魔的起源、滅亡全在我們自己的內心。如果我們一心執著於某些事和人，那麼我們可能會想盡各種辦法去實現。如果結果與我們想要的不匹配，那麼我們就會痛苦。「有心栽花花不開，無心插柳柳成蔭」，或許，當我們放下心魔，不再執著，事情反而會出現意想不到的結果。

因為人生是很精采的，也值得大家好好品味。如果我們被心魔掌控，把自己困在心魔的牢籠中，則看不到這個世界的美好，也體會不到人生的百味。只有當我們看透了一些事情，也不再抱怨什麼了，自己才能解脫，也才能帶來快樂。

Chapter 6　我也是你，莊周曉夢迷蝴蝶

在彼此的故事中成全

很多人在看了電視劇《破產姐妹花》(*2 Broke Girls*)後，都希望自己生命中能夠有一個朋友像卡洛琳(Caroline)或者是麥克斯(Max)那樣，可以在閒暇時一起逛街、八卦、玩樂，遇到事情時又能互相挺身而出，為對方出頭。

卡洛琳有著良好的出身和家世，有著聰明的頭腦，有著漂亮的身材和臉蛋，但是卻因為家庭破產的原因，不得不淪落到平民區，從而遇到了麥克斯。卡洛琳從一個富家女淪落為貧窮女孩，一開始還沒有住宿的地方，麥克斯好心地收留了她，還教她如何在平民階層中生活，讓她學會了很多生活技能。而麥克斯則是一個敢愛敢恨敢拚的人，她心中也有一個小小的夢想，但是卻因為不夠自信，始終不敢踏出那一步。最後，麥克斯在卡洛琳的鼓勵和幫助下，才漸漸有了自信，勇於朝著自己的夢想努力。我想，這也是這關於兩個經常互損的好友的故事會引起大家的共鳴的主要原因吧。因為**她們在與彼此的相伴中都成長了，都成全了自己。**

卡洛琳和麥克斯的故事，讓我想起了我與我的好朋友──妞妞。

妞妞跟我從小在一個院子裡長大，我們的出生日期只差

在彼此的故事中成全

了三個月，可以說是一起長大的。那個時候，因為兩家的關係很好，我們兩個也經常在一起玩。雙方父母也不知是有意的還是無意的，可能覺得我們兩個人很要好，也經常帶著我們一起玩，買一樣的衣服和鞋子給我們，把我們打扮成雙胞胎一樣。

我小時候由於發育不良，臉色一直比較黃，而且還長了兩顆兔牙。為此，經常有其他小夥伴會叫我「黃皮兔」。這個時候，妞妞就會站出來幫我罵那些小朋友。有一次，我又被很多小朋友起鬨，都急哭了，妞妞看見了，直接拿著黃色的彩筆塗完了自己的整臉。然後，笑著對我說：「你看，我也是黃皮了！」

妞妞的行為逗得我大笑了起來，也把那些嘲笑我的人逗笑了。大家都是小朋友，突然覺得這樣很好玩，就都紛紛把彩筆塗抹到了臉上。於是，我們一個個的就變成了花臉貓，有各式各樣的顏色。從那之後，小夥伴們也不再嘲笑我了，因為我們都曾經「臉上有色」。

那時，我和妞妞就像並蒂蓮花一樣生長，我們本以為我們這輩子都會在一起，我們甚至還說好，將來結婚了也要買對門的兩棟房子，兩家人繼續在一起生活。可是，命運總是那麼無情，我們 16 歲那年，妞妞生病了，得了癌症。

為了治病，妞妞不停地吃藥、打針、接受化療。當時，妞妞的頭髮都快掉光了，於是直接剃了光頭。妞妞覺得自己

Chapter 6　我也是你，莊周曉夢迷蝴蝶

　　這樣很醜，感覺所有人都在看她，所以她拒絕出門，就一直窩在病房中。可是，她不出去活動一下，不曬曬太陽怎麼行呢？我和妞妞的父母當時怎麼勸她，她都不出門。有一次，說急了，妞妞直接哭著說道：「你們又不是我，那些眼光又不在你們身上，你們當然感受不到。」

　　是啊！我們都不是妞妞，怎麼能體會到她的痛苦呢？這可怎麼辦呢？突然，我想到了我們小時候的事情，我就想，如果我像她一樣成為光頭，那會不會好一點。就這樣，我也去剃了光頭，戴著帽子來到了醫院。在來的路上，我也感受到了別人的目光，也稍微能理解一下妞妞的感受了。等我到醫院的時候，妞妞看著我的光頭都驚呆了！看著看著，她哭了出來。

　　或許是因為有了我做伴，妞妞從此也看開了「光頭」這件事，不再糾結於此，終於又開朗起來。幸運的是，妞妞的病情後來有了好轉，癌細胞得以控制，她也出院了。

　　後來，我和妞妞都經常會想起這兩件事。我覺得妞妞給我很大的幫助，給了我信心，讓我不再受那些小朋友們的嘲笑，有一個美好的童年；而妞妞卻覺得我給她的幫助更大，和她一起度過了那段最艱難的時光。其實，現在想來，我們都在對方困難的時候幫助了彼此，也都在彼此的世界中留下了成長的痕跡，這才互相成就了如今的我們。現在，我和妞

> 在彼此的故事中成全

妞因為結婚和工作的原因,已經不再一起相伴而行了,但是我們依然會經常想起對方。一天,我打電話給妞妞,說在捷運上看見一個帥哥,一看就是妞妞喜歡的類型。說著說著,我才反應過來,妞妞已經結婚了,她都當媽媽了。然後我就突然覺得有些傷感,又為自己當年沒能趕上妞妞的婚禮而難過。因為時光無情,不會讓人們一直停留在最想珍惜的時空,慢慢地,我們每個人都會有屬於自己的路。

妞妞其實已經陪伴了我很長一段時間,而我也陪伴了她很長的時間。妞妞為了我將顏料塗滿全臉,而我為了她剃掉頭髮,我們曾在彼此的世界中成為對方最重要的人,我們歡聲笑語過,也抱頭痛哭過,更多的是為彼此遮風擋雨過。感恩對方的陪伴,感恩對方和我們一起成長。

Chapter 6　我也是你，莊周曉夢迷蝴蝶

一個人更要把生活過得漂亮

聽到兩個女孩子的對話：

「又要過年了，真不想回家，一回家，就要被家裡人催著結婚。」「我也是。我還沒回去呢，我媽就幫我約了好幾個相親對象了。

我說不同意，我媽還要逼我去。唉，我們真是太慘了！」

「對啊！不過有時候想想，也覺得我媽說得挺對的，不相親還能怎麼辦？難道我要一個人生活下去嗎？」

「一個人就一個人啊！我覺得一個人也沒什麼大不了的。」是啊！一個人生活也沒有什麼大不了的。

聽著她們的對話，我想到了我自己。我至今還沒有結婚，一直是一個人生活。身邊的人也經常會問我，「一個人生活不累嗎？」累嗎？我仔細想想，除去生活比較單一這一點，倒也說不上累。

有人會說，既然一個人的生活這麼單一，何不找個對象呢？其實，我也這樣想過。但是，在找對象這方面，有些時候我可能真的過於執拗和理想主義了，挑三揀四的。像我之

> 一個人更要把生活過得漂亮

前參加同學聚會,媽媽問我難道那些同學中沒有合適的嗎?我跟媽媽講:「我不是很喜歡那些同學,他們中的有些人太能偽裝了。」媽媽聽完就嘆了一口氣,說:「你這個人太獨立了!這可怎麼辦呢?將來我和你爸爸都走了,留你一個人多孤單!」

當時,聽完媽媽說這些話,我有些難過。難過的是,自己這麼大了,還讓她擔心,著實有點不孝。可我還是覺得,如果我不喜歡一個人,就不要跟他往來。如果硬和那些我們自己不喜歡的人相處,不僅不愉快,還會讓人覺得負擔,還不如一人來得爽快。

在這個世界上,沒有任何一個人能免得了孤獨之苦,既然如此,我們與其逃避它,還不如面對它!只有經歷過孤單,享受過孤獨,我們才會知道,孤獨並不是一件那麼糟糕的事情!有時候,孤獨的存在,反而讓一個人的生活更精采。

最近,我迷上一個人到處走走。也算不上是什麼旅行,只是一個人隨意地在周圍的城市中走一走,看一看。出發前不用花太多時間去準備,不會像以前一樣呼朋引伴,也就不用遷就別人的時間,一般直接提起包說走就走了。在路上的時候,想去哪裡就去哪裡,可以走走不具名的小路,或者停下感受不一樣的風土人情,走到哪兒算哪兒。如果沒有外出

Chapter 6　我也是你，莊周曉夢迷蝴蝶

走走的打算，那麼我也喜歡一個人待著，做些雜事，或者什麼都不做，不用去在乎別人的看法和說法。

當然，我能覺得一個人的生活也很好，或許跟我已經奔三的年紀有關。就像廣大網友說的那樣，現在已經越來越懶得去社交了，只想宅在家中，癱在沙發上，逐漸老去。但是，這種生活狀態，如果放在五年前，不說大家能否想像得到，我自己都想像不到。如果在五年前，有人跟我說，五年後的你是一個疲於社交和玩樂的人，再也不想和朋友一起去看外面的花花世界了，只想窩在家中，我肯定會回他一句「你放屁！」那個時候，我為什麼不相信呢？因為那個時候的我們還年輕，都喜歡呼朋引伴一起玩耍，誰也無法想像一個人的生活是什麼樣子。然而，現在看來，一個人去吃飯、旅行、生活，其實也很好。

一個人生活，我才明白孤獨是我們每個人的人生必修課。每個人，都需要那麼一段時間，多則幾年，少則幾個月，自己一個人生活，不然，我們就永遠也不知道自己想要的到底是什麼，也無法在這個紛雜的世界中看清自己的模樣，不能聽到自己的心聲。

要知道，一個人生活並不意味著湊合，並不代表就要自我放棄。說實話，我也見過很多一個人生活，過得很糟糕的人，做什麼都是湊合：到了吃飯的時間，他們可能會想，「就

> 一個人更要把生活過得漂亮

我一個人,隨便吃點得了」,於是隨意煮了個泡麵,或者叫外送;想要買一套漂亮的餐具,他們可能會想,「就我一個人,買那麼好看的餐具幹什麼」,於是就還是用著幾個不成套的碗盤湊合著;想要收拾一下家,他們可能會想,「我一個人住,隨意點就好,弄那麼乾淨做什麼」……就這樣,他們因為「一個人」而湊合,讓自己的生活一團糟。

其實,這些人之所以讓一個人的生活過得那麼糟糕,是因為他們忘記了,他們自己才是生活的主體。但是,**無趣的生活就像一個催眠師一樣,在不斷地催眠人的精神與意志。**漸漸地,被催眠的他們就由創造者變成了旁觀者,不再想著做點什麼,也不再想要變化,而是隨波逐流,隨意生活。這個時候,他們不再是自己的主人,而是生活的奴僕。

面對這樣的他們,我們能說他們是在享受孤獨嗎?能說他們成熟了嗎?不能。因為真正的享受孤獨是安然自得的,是快樂的;真正的長大和成熟,是能夠做到真正的獨立的。這種獨立是一種自發的,不願再像魚兒追逐流水一樣去尋找玩伴了;這種獨立即使是他們一個人生活,也能夠打起精神來,很漂亮地生活;這種獨立是讓他們更加豁達了,能夠一個人靜靜地看著世界的變化,看著雲卷雲舒,卻依然坦然自若。

最後,借用文學家莫泊桑(Maupassant)說過的一句話:

Chapter 6　我也是你，莊周曉夢迷蝴蝶

「生活不可能像我們想像的那麼美好，但也不至於像大家想像的那麼糟。」不論是美好的生活還是糟糕的生活，都是一天一天過下去的。既然如此，我們即使是一個人生活，那也要把生活過得漂漂亮亮，才不枉自己的一生。

與其在別人的故事中哭泣，
不如學會愛自己

　　有些人看到與自己經歷類似的電影情節會被觸動，會痛哭流涕，看到自己的好友會抱怨、傾吐自己的難過，並且，我發現，某種類型的電影和故事總會打動他們，讓他們有情緒波動。

　　三十多歲的佩佩有兩個孩子，在忙完家事後總喜歡看一些溫馨電影。有一次，佩佩的老公看到她又在看那些電影，把爐子上正在熬的粥都忘了，於是大發雷霆，說她一把年紀了還不切實際，只會天天幻想，看電影。佩佩一句話都不敢說，自己默默地收拾好了被粥弄髒的廚房，然後，在大家看不到的時候，她還是會偷偷看這些電影。每當看到電影中的男女主角為了愛情而抗衡一切，為了愛情而一起努力奮鬥的時候，佩佩就會想起她和老公當年的日子。

　　佩佩和老公是在大學相戀的。畢業後，兩人一起創業，老公負責找工廠、監督訂單，佩佩負責與客戶聯繫。兩人彼此扶持，熬過了很多艱難困苦，終於兩人的公司初具規模。在兩人相識七週年的時候，佩佩和老公結婚了。求婚時，老公就說佩佩太辛苦了，等結婚後就讓她安心待在家做闊太

Chapter 6　我也是你，莊周曉夢迷蝴蝶

太，什麼事也不用管，什麼心也不用操。佩佩很感動，就聽老公的話，待在家做家庭主婦，相夫教子。

然而，隨著公司的規模越做越大，佩佩的老公越來越忙，每天都一身酒氣，很晚回來，倒頭就睡。佩佩看老公這麼忙，就想幫幫忙，問他自己能幫他做什麼。結果，老公直接說道：「你一個家庭主婦能做什麼，照顧好我和孩子的生活就可以了。」可能是佩佩在家待的時間太長了，她對外面的世界不怎麼了解，再加上兩人的溝通變少，老公也越來越沒有耐心，這讓佩佩開始懷疑自己，覺得自己可能真的幫不上忙了。

公司越大，佩佩發現老公的脾氣也越來越大了。有時候，佩佩說出什麼話，或發表什麼觀點，佩佩的老公就會嘲笑她什麼都不懂。慢慢地，佩佩都不怎麼和老公說話了。因為佩佩不主動說話，她老公也不會想著主動和佩佩交談什麼，所以，他們已經很久都沒有好好說上幾句話，更別說兩人一起去逛逛街或看看電影了。

早上早早地起來為家人做早餐，然後送孩子去上學，回來收拾家務，準備午餐，再去接孩子放學，安頓好孩子的午餐，下午洗洗衣服，就開始等著孩子放學接他們回家了。在等待的這段時間裡，佩佩無所事事，於是開始看電影。當看到電影中那些男女主角為了愛情一起奮鬥時，佩佩也會懷念

> 與其在別人的故事中哭泣，不如學會愛自己

她和老公當初一起打拚的日子；當看到男女主角產生分歧、吵架時，佩佩也會因為他們的爭吵而哭泣，覺得他們怎麼和自己那麼像。等佩佩哭完之後，她會覺得自己的心情好了一點，於是當她心情憂鬱的時候，就越發會去看這些電影。看一次，哭一次，第二天接著看，周而復始，日子也這樣在老公的頤指氣使中繼續過了下去。

其實，佩佩是很多已婚婦女的真實寫照。她們為了家奉獻了自己的青春和時間，用自己的寬容和愛守護著整個家庭，可是，她們的老公卻看不到她們的奉獻。難道是她們的老公瞎嗎？看不到她們的付出嗎？是的！不可否認，她們的老公「眼睛是不好」，或者說，是女人的無私奉獻遮蔽了他們的雙眼，讓他們覺得這一切都是理所應當的。

曾經有這麼一個故事，說上帝給了女人一天的時候，讓她安排她的生活。結果，女人花了183分鐘來照顧孩子，又花了125分鐘照顧自己的老公，花了360分鐘工作，花了135分鐘買菜、做飯、料理家務，花了77分鐘關心父母、公婆、親朋等人，花了20分鐘和自己的姊妹淘聊天，花了65分鐘看八卦、新聞，剩下的55分鐘用來盥洗和打扮，還有420分鐘在休息睡覺。就這樣，女人把上帝給她的一天時間全部用完了，卻忘了留一點時間去好好地愛自己。

不管是這個故事中的女人也好，還是例子中的佩佩也

Chapter 6　我也是你，莊周曉夢迷蝴蝶

罷，她們之所以感到生活疲憊，之所以會在別人的故事中不停地哭泣，就是因為她們不懂得好好地愛自己。而一個人，**只有學會了愛自己，才會更好地愛他人。**

一個人與自己的關係怎樣，會直接影響到自身與他人的關係。這就好比一杯水，只有水杯裡的水滿了，才會溢位來。愛也是如此。只有我們充分地給予了自己充足的愛，我們才會有多餘的愛去更好地愛別人。**如果我們不懂得愛自己，只是想用奉獻、交換這樣的方式去愛別人，這不是自由的愛，而是攜帶著利益關係的愛，很容易禁錮別人。**如果沒有得到自己想要的那份愛，也更容易失望。

就像日本電影《令人討厭的松子的一生》那樣，主角松子的一生，都在不斷地取悅所有人，卻忘記了取悅自己。松子的妹妹因為常年臥床生病而更受父母的關注，這讓松子感覺受到了冷落，於是她一直處於一種不被關注和愛的狀態中。後來談的幾次戀愛，因為她一直想要「用愛換來愛」，結果卻不斷被拋棄，換來更多的失望。

松子之所以有這麼悲劇的一生，就是因為她的愛本身是有企圖的，而真正的愛是不求回報的。如果我們將帶著有回報要求的愛給別人，在這個過程中又加入了很多期望，就會讓別人有一種壓力感。並且，當我們沒有得到自己想要的回報時，又會覺得失望和難過，感慨這個世界怎麼是這樣，進

> 與其在別人的故事中哭泣,不如學會愛自己

而只能透過別人的「完美故事」來麻痺自己,在別人的故事中痛苦,感嘆命運對自己的不公以及自己的不幸。這不是自己給自己找麻煩嗎?

所以,**與其在別人的故事中痛哭流淚,還不如先好好愛自己,給自己滿滿的愛**。如此一來,我們才能好好地愛別人,讓別人感受到真正的愛,進而,別人才會回報我們真正的愛。

Chapter 6　我也是你，莊周曉夢迷蝴蝶

你也是自己的大英雄

在電影《大話西遊》中，紫霞仙子說，她的意中人是一個蓋世英雄，將來會穿著金甲聖衣，踏著七彩祥雲來娶她。然而，就像紫霞仙子始終沒有等來她的意中人一樣，現實社會中的我們也更加明白，永遠不會有什麼大英雄來拯救我們。所以，**與其等待別人來做你的英雄，不如我們自己披上鎧甲，成為自己的大英雄**。可能這會是一個艱苦的過程，但能讓我們收穫到最踏實的屬於自己的東西。

就像我的國中同學小美。畢業多年後，我再次見到小美的時候，小美已經是一位幼稚園老師啦！我看著她依然和當初上學時一樣青春、活潑，她穿著簡單的白 T 恤牛仔褲，看起來依然像個少女一樣單純，一點都不像一個走入職場的成年人。

和小美聊天的時候，我發現她也不像我的其他同學一樣對工作、生活、社會充滿著諸多抱怨，或者是滿口的辛酸與嘆息，她也不像其他人一樣總是在控訴這個黑暗的社會是怎麼碾壓了她的夢想，而是三言兩語就概括出自己生活的美好，甚至會講生活中一些有趣的事情。如果其他同學都在誇誇其談的話，小美也不會搶著說話，而是坐在旁邊淡淡地笑

著,認真聆聽。

當我問起小美為什麼會選擇幼教這個職業的時候,她告訴我,她當年的學習成績不怎麼理想,只能讀一個高職學校。小美還說自己當年唸的不是幼教專業,而是學貿易的,後來,她覺得自己不喜歡貿易,就開始自己學習,最後自學考大學,攻讀了幼教專業,這才有了不一樣的人生。

回憶起當時的那段時光,小美微笑著告訴我,當時她也有覺得十分痛苦、十分懷疑人生的時候,也有在思考自己這樣做對不對的時候。但是,不管是因轉專業而需要每天攻讀好多門課的艱辛,還是因為沒有舞蹈天分而必須強行下腰而造成的扭傷,抑或別人的嘲諷和說三道四帶來的難過失落,都沒能讓她放棄,她堅持了下來。

小美還說,她剛做實習生的時候,到一家幼稚園實習。因為她年輕,又是新來的實習生,經常被那些老教員刁難,指使她做這做那。小美都堅持了下來,並悄悄從中學習到了很多課本上沒有的知識。等到實習期結束了,幼稚園園長又告訴她實習生是沒有薪資的。然而,小美清楚地記得,她們的實習報告上有明確的規定,實習的公司是要發薪水給實習生的。但是園長依然理直氣壯地說她們不發薪水給實習生,不然就不給他們的實習報告上蓋章、不寫優秀評語。

小美也很氣憤園長的行為,但是她人微言輕,又身在別人的屋簷下,沒有能力為自己討回公道。當時,她多希望有

Chapter 6　我也是你，莊周曉夢迷蝴蝶

一個超級英雄出現，就像電視中演的那樣。可惜的是，電視是電視，現實是現實，她不得不低頭，嚥下了這口惡氣，只能當作吃一塹，長一智了。

後來，小美在一家公立幼稚園應徵成功，成為一名合格的幼稚園老師，才有了現在的發展。現在，小美回憶起這件事，也沒有覺得太氣憤了，反而覺得這是為即將走出校門的自己上了一課。而且，小美也說，幼教這個專業讓她收穫了很多。小美說自己年少時學習成績不好，數理化很差勁，也被老師罵過「廢物」，所以她一直很自卑。但是，因為幼教這個工作，讓她知道自己就算當年成績不好，依然也能夠成為一名優秀的老師。

看，小美到最後不就成了自己的大英雄嗎？其實，在現實生活中，有很多人都像小美一樣，也有很多的無奈，這些無奈可能來自於周圍人的壓力，也可能來自於自身條件的限制。但是，我們都不應該放棄，也不應該等著什麼「大英雄」來拯救我們，而是要嘗試很多種方法，自己為自己找到出路，讓自己成為自己的英雄。

可能有人會說我站著說話不腰疼。確實如此，當我們篤定地說起自己要做自己的英雄時，身邊可能有些人會嘲笑我們，有些人會打擊我們，而我們中的有些人可能會因此而動搖，可能會懷疑自己到底能不能成為自己的大英雄。

> 你也是自己的大英雄

　　有些人會覺得，如果我努力一場，還是一樣的結果，那何必費那個時間和精力呢？還不如就這樣，等待真正的英雄的到來吧！既然這個社會確實沒有我們年少時想像的那樣簡單，既然人情冷暖也比我們預想的複雜很多，既然有些情況已經那麼糟糕了，再壞又能壞到哪裡去呢？如果不去努力，不去做，那一定不會成功；但是，如果去做了，至少有50％的機會是可以成功的。既然如此，我們與其坐以待斃，還不如奮起直追，說不定會逆襲。

　　當然了，要做自己的大英雄，不是說我們要憑著一身蠻力堅持到底。那是固執己見，一意孤行、剛愎自用，不是在堅持自我。真正的堅持自我，是有自己的目標，還能像史蒂夫‧賈伯斯（Steve Jobs）曾經說的那樣：「Stay hungry, Stay foolish.」

　　換言之，就是要懂得「求知若渴，虛心若愚」的道理，能夠虛心接受別人的意見，能夠不斷地學習、充實自己，能夠對那些未發生的事情做一個相對正確的判斷。那麼，在此情況下，我們再堅持自己的夢想，才會有一個好的結果，才能讓我們能夠在成功的終點，大聲告訴別人：「我沒錯！我就是自己的英雄！」所以，我們應該始終保持對知識的渴望，堅持學習和進步，這才能真正成為自己認為的那種厲害的人，才可以做自己的英雄。

Chapter 6　我也是你，莊周曉夢迷蝴蝶

出走半生，願你歸來仍是少年

時隔14年，歌手朴樹攜帶新專輯《獵戶星座》重出江湖。

很多歌迷翹首以待，新專輯一出來就迫不及待地去聽。當人們聽完這張專輯，尤其是聽到裡面的歌曲〈清白之年〉後，樂迷們心裡只有一個念頭：「這就是朴樹！」

沒錯，這就是朴樹。走出半生，**歸來仍是少年**。

十幾年前，朴樹聲名鵲起，他的很多歌曲，如〈那些花兒〉、〈白樺林〉等也成為人人傳唱的「金曲」。當時的朴樹，唱著自己的歌，就像不諳世事的少年一樣不知人生百味，只是在為了自己的興趣愛好而努力，從不想著什麼名和利。或許正是因為朴樹抱著一顆赤子之心，所以他創作出來的歌曲才「溫柔敦厚，哀而不傷」，備受大家喜歡，也讓自己成為大眾喜聞樂見的「明星」。

成為明星後的朴樹，也曾盛裝出席一些場合，也曾面對各種採訪說著磕磕絆絆的話，也曾參加一些綜藝節目，但是，他最終選擇在鼎盛時期華麗退場。因為朴樹發現，自己想要的東西好像和令人眼花撩亂的演藝圈不太相符，他感覺在演藝圈生存是一件很不快樂的事情，所以他就退出了演藝

圈。但是，退出演藝圈，不代表他就不創作音樂了，他依然是一個歌手，是一個音樂人，依然在創作、寫歌、唱歌，過自己的生活。

在朴樹退出演藝圈的這幾年中，他不再做一個明星，而是做他自己。朴樹每天穿著樸素，騎著電動車，從身影中一絲一毫也看不出他就是當年的那個紅極一時的明星。朴樹雖然生活簡單，但是他為了音樂和朋友卻十分捨得：朴樹十分討厭做無底線的迎合性商演，但樂隊中有一個人生病了，需要花錢，朴樹開始接活動，為他賺醫藥費；朴樹為了錄好一首歌，他能花出去幾百萬元，讓自己身無分文。

後來，觀眾在電視上又看到了朴樹，看到他先後兩次參加綜藝節目《跨界歌王》，給裡面的嘉賓做幫唱嘉賓。朴樹的樂迷們一度十分吃驚和興奮，還以為他突然要復出了。結果，當主持人問他為什麼來參加這個節目時，朴樹的回答依然十分具有自己的特色：「沒什麼，因為我缺錢了。」

如果是其他人說出這樣的話，大家可能會覺得這個人唯利是圖；可是，當朴樹說出這樣的話時，很多樂迷和觀眾都為他感到難過。有個網友說得很對，「如果不是真的沒錢做音樂了，他怎麼可能來參加活動，接商演」。

而且，從如今重新出來活動的朴樹的那些採訪中，我們能發現他依然如十幾年前一樣青澀、不善言談；我們聽他演

Chapter 6　我也是你，莊周曉夢迷蝴蝶

奏的那些音樂，聽他出的唱片，依然能一下就聽出來這就是朴樹，他還是他！朴樹果真如他自己所說的那樣，「出走半生，歸來仍是少年」。

很多人看到這裡，可能會說「這就是朴樹啊」「這才是朴樹能做出來的事情」。是啊！這才是朴樹能做出來的事情，所以他才能在 40 多歲的年紀，依然像一個自由自在的少年一樣，保持著一顆赤子之心。可是，這樣做是需要代價的，其中他經歷了多少厄運、曲折，忍受了怎樣的艱難，也只有他自己才能知道。包括朴樹自己也說了，他不是一個自覺的人，如果能夠再重來一次，他也不知道自己還有沒有這個勇氣繼續把當年的那些事情再經歷一遍。只能說，這一切都是老天爺的安排。

那麼，我們這些普通人，又該怎麼做才能依然保持一顆純真之心呢？這就需要我們找到自己，做自己！

可能我們每個人的壓力都很大，在這個世界上苟延殘喘；可能我們都被權、色、錢所迷惑，看不清周圍的美景；可能我們漸漸地迷失了自己，都像〈清白之年〉中唱到的那樣，「我們都遍體鱗傷，也慢慢壞了心腸」。但是，不管世事如何變遷，我們還是要試著為自己開闢一方淨土，讓自己能夠在那方淨土中回歸本真。

那麼，我們應該怎麼為自己一片淨土呢？很簡單，**這需**

> 出走半生，願你歸來仍是少年

要我們不忘初心，堅守自己的夢想，化夢想為力量來盪滌自己的心靈。

或許大家都覺得夢想是一個很虛幻的詞語，或許有人會說你的夢想太大不理解你的夢想，這都沒關係，只要我們能明白自己想要的是什麼就可以了。

當我們破除了別人的「枷鎖」，就會發現以夢為馬的奔騰力量是十分強大的。這種力量就像是生活中不起眼的青草一樣，雖然微小，可能孱弱，但卻是不屈不撓，既不懼驕陽，又不怕風吹雨打，狠狠地扎根在心靈這片沃土中，以一種溫柔的韌性，執著地成長。在夢想力量的支撐下，我們會變得像朴樹一樣，讓每首歌都如詩一般，用赤子之心擁有整個世界。

國家圖書館出版品預行編目資料

別忘記，人生中最重要的存在就是你自己！失控情緒、焦慮迷茫、外在期待……在喧囂中傾聽內心，找到專屬你的生命意義 / 文雅 著. -- 第一版. -- 臺北市：財經錢線文化事業有限公司, 2024.12
面； 公分
ISBN 978-626-408-110-8(平裝)
1.CST: 人生哲學
191.9　　　　　　　113018341

電子書購買

爽讀 APP

別忘記，人生中最重要的存在就是你自己！失控情緒、焦慮迷茫、外在期待……在喧囂中傾聽內心，找到專屬你的生命意義

作　　　者：文雅
責任編輯：高惠娟
發行　人：黃振庭
出　版　者：財經錢線文化事業有限公司
發　行　者：財經錢線文化事業有限公司
E - m a i l：sonbookservice@gmail.com
粉　絲　頁：https://www.facebook.com/sonbookss/
網　　　址：https://sonbook.net/
地　　　址：台北市中正區重慶南路一段 61 號 8 樓
8F., No.61, Sec. 1, Chongqing S. Rd., Zhongzheng Dist., Taipei City 100, Taiwan
電　　　話：(02) 2370-3310　　傳　　真：(02) 2388-1990
印　　　刷：京峯數位服務有限公司
律師顧問：廣華律師事務所 張珮琦律師

臉書

-版權聲明-

本書版權為樂律文化所有授權財經錢線文化事業有限公司獨家發行電子書及紙本書。
若有其他相關權利及授權需求請與本公司聯繫。
未經書面許可，不得複製、發行。

定　　　價：375 元
發行日期：2024 年 12 月第一版
◎本書以 POD 印製
Design Assets from Freepik.com